Michael Blume

Warum der Antisemitismus uns alle bedroht

Michael Blume

Warum der Antisemitismus uns alle bedroht

Wie neue Medien alte Verschwörungstheorien befeuern

Patmos Verlag

VERLAGSGRUPPE PATMOS

PATMOS
ESCHBACH
GRÜNEWALD
THORBECKE
SCHWABEN
VER SACRUM

Die Verlagsgruppe
mit Sinn für das Leben

MIX
Papier aus verantwortungsvollen Quellen
FSC www.fsc.org
FSC® C083411

Für die Verlagsgruppe Patmos ist Nachhaltigkeit ein wichtiger Maßstab ihres Handelns. Wir achten daher auf den Einsatz umweltschonender Ressourcen und Materialien.

Verlagsgruppe Patmos in der Schwabenverlag AG,
Ostfildern
www.patmos.de

Umschlaggestaltung: Finken & Bumiller
Satz: post scriptum, Vogtsburg-Burkheim
Druck: CPI books GmbH, Leck
Hergestellt in Deutschland

ISBN 978-3-8436-1123-7 (Hardcover)
ISBN 978-3-8436-1124-4 (eBook)
ISBN 978-3-8436-1133-6 (MP3-Hörbuch)
ISBN 978-3-8436-1149-7 (MP3-Audio-Download)

Gewidmet

Meinhard Mordechai Tenné
Antoinette Brown Blackwell

Inhalt

Der gefährliche Weg zu den dunklen Seiten unseres Herzens
Annäherungen

> »Ich habe keine unumstößliche Theorie über die Anfänge des Antisemitismus. [...] Alles, was ich mit fester Überzeugung sagen würde, ist, daß der Antisemitismus zum größeren Problem des Nationalismus gehört, das noch nicht ernsthaft untersucht worden ist, und daß der Jude offensichtlich als Sündenbock herhalten muß, obwohl wir noch nicht wissen, *wofür.*«
>
> *George Orwell (1945)*[1]

> »Existierte der Jude nicht,
> der Antisemit würde ihn erfinden.«
>
> *Jean-Paul Sartre (1944)*[2]

Vielleicht kommen Ihnen einige der folgenden Fragen bekannt vor: Warum geht es in Geschichtsschreibung und Politik eigentlich immer wieder so viel um Juden? Ist der Antisemitismus nicht auch nur eine Variante des Rassismus, wie es ihn auch gegenüber anderen Menschengruppen gibt? Warum heißt es eigentlich »Antisemitismus« und nicht einfach nur »Judenhass«? Wird jetzt auch jede Kritik an der Politik Israels zum Antisemitismus erklärt? Warum sollte das Phänomen des Antisemitismus auch noch im 21. Jahrhundert besonders relevant oder sogar gefährlich sein? Heißt es nicht schon seit Jahrzehnten in ständigem Alarmismus, der »Antisemitismus nehme besorgniserregend zu« und habe »die Mitte der Gesellschaft erreicht«? War er denn je woanders? Und warum wirken antisemitische Propagandastücke oft so faszinierend und eindrucksvoll, viele Reden und Gedenktermine gegen den Antisemitismus aber oft so unsäglich langweilig?

Als ich vor 20 Jahren gemeinsam mit Murat Aslanoĝlu das erste Mal durch die Sicherheitsschleuse der Israelitischen Religionsgemeinschaft Württembergs schritt, war ich noch ein junger, werdender Bankkaufmann und brachte viele dieser Fragen mit. Murat und ich waren die Vorsitzenden einer frisch gegründeten Christlich-Islamischen Gesellschaft (CIG), in der sich vor allem junge Menschen christlichen und islamischen Glaubens zum damals neuen Dialog in deutscher Sprache zusammengefunden hatten. Doch zu unserer Verblüffung gab es auch unter jungen Leuten einige muslimische und christliche Stimmen, die dafür plädierten, diesen christlich-islamischen Dialog »gegen die Juden« zu führen. Denn an allen Problemen zwischen den Religionen, an allen Kriegen seien doch am Ende »die« schuld.

Wir hatten persönlich noch keine bewussten Beziehungen zu Jüdinnen und Juden, fanden es aber intuitiv unfair, Menschen zu verurteilen, die dazu nicht einmal angehört worden waren. Und im Dialog zwischen Christen und Musliminnen hatten wir doch erfahren, dass nichts besser gegen Vorurteile half als direkte Begegnungen! Also riefen Murat und ich in jugendlichem Überschwang einfach bei der jüdischen Gemeinde an, stellten uns vor und fragten an, ob »jemand« dort Zeit für ein Gespräch mit uns finden würde.

Dieser Jemand empfing uns mit schlohweißem Haar und strahlenden Augen – der damalige Vorsitzende Meinhard Tenné freute sich enorm über das Interesse junger Christen und Muslime und nahm sich in der Bibliothek der Gemeinde für uns Zeit. Zwischen deutschen und hebräischen Schriften wurden wir Freunde und zogen bald gemeinsam als »die drei Ms« (Murat, Meinhard und Michael) brückenbauend durch Veranstaltungen und Gotteshäuser.

Der Holocaust-Überlebende Meinhard beschrieb und begründete in seiner Autobiografie »Aus meinem Leben« später unser jahrelanges gemeinsames Engagement. Meinhard hatte den Hass des Antisemitismus in vielfachen Formen erlebt und engste Angehörige verloren. Er war der Meinung, Angehörige von Judentum, Christentum und Islam müssten sich für »eine Entgiftung im Verhältnis der Religionen zueinander« engagieren.[3] Gemeinsam mit immer mehr Freundinnen und Freunden aus den »abrahamitischen« Religionen und dem christlichen Stifterpaar Lisbeth und Karl-Hermann Blickle entstanden so in jahrelanger Arbeit auch bleibende Institutionen wie der Verein »Haus Abraham« und das Stuttgarter Lehrhaus.[4]

Die vielen guten Begegnungen und Gespräche jener Jahre mit jüdischen, islamischen, christlichen, anders- und nichtglaubenden Freundinnen und Freunden trugen dazu bei, dass ich mich schließlich von der Banklaufbahn verabschiedete und Religionswissenschaft studierte, darin aufblühte und promovierte. Meiner Frau Zehra – einer Deutschtürkin sunnitischer Konfession – bin ich bis heute unendlich dankbar, dass sie mich bei diesem Sprung ins auch beruflich Ungewisse ermutigt und unterstützt hat.[5]

Antisemitismus – Nur ein Thema der Vergangenheit?

Zunächst war ich unter Ministerpräsident Erwin Teufel für den Aufbau eines damals völlig neuen Regierungsdialoges mit Muslimen zuständig. 2005 übertrug mir Ministerpräsident Günther Oettinger die Moderation nach dem Fund eines Massengrabes jüdischer KZ-Opfer am inzwischen US-amerikanischen Militärflughafen in Stuttgart. Es war ein schwieriger und komplexer Verhandlungsprozess mit sehr unterschiedlichen Akteuren, aber am Ende war er erfolgreich. Zur würdevollen Wiederbestattung der 34 Mordopfer im Dezember 2005 kamen über 400 Menschen zusammen – christliche, jüdische, anders- und nichtreligiöse Bürgerinnen und Bürger, Politiker und Journalistinnen, Geistliche, US-Militärs und Polizistinnen sowie Angehörige der Ermordeten aus der ganzen Welt.

Nicht nur der ehemalige KZ-Häftling Benjamin Gelhorn hatte Tränen in den Augen, als er vom Rollstuhl aus das Totengebet für seine Kameraden sprach. Er hatte uns berichtet, dass die Gefangenen einander ein »ehrliches Begräbnis« versprochen hatten, falls irgendjemand das NS-Regime überleben würde. Und Gelhorn hatte sich Jahrzehnte später auch darum bemüht, sich aber nicht mehr an die genaue Lage des Gräberfeldes erinnern können und es nicht gewagt, die bewaffneten Soldaten anzusprechen. Nun konnten er und sein Mitüberlebender Eugen Stern das einstige Versprechen im hohen Alter doch noch erfüllen.

Die Grabrede hielt der einstige aschkenasische Oberrabbiner Israels, Meïr Lau, auch er ein KZ-Überlebender. Er rief dazu auf, die Schoah nie zu vergessen und allen neuen Formen des Antisemitismus zu widerstehen. So wünschte er, der iranische Präsident Mahmud Ahmadinedschad möge »diese Gräber sehen und verstehen!« Lau benannte die NS-Täter und die Taten, sprach aber auch von jenen wenigen Deutschen, die gegenüber den Verfolgten Barmherzigkeit geübt hatten. Und plötzlich wandte er sich uns Heutigen zu und rief: »Es gibt eine neue Generation und ein neues Denken, und wir sind zur alten Freundschaft zurückgekehrt.«[6]

Zu meinem Optimismus der folgenden Jahre trug sicher auch bei, dass mir nach dem erfolgreichen Abschluss der Vermittlung zur Zuständigkeit für den Dialog mit Muslimen auch jener für das Judentum und bald für weitere religiöse und ethnische Gruppen übertragen wurde. Ich durfte an den Verhandlungen für einen ersten Staatsvertrag des Landes Baden-Württemberg mit den jüdischen Gemeinden ebenso mitwirken wie dann auch an jenen mit dem Landesverband der Sinti und Roma. In Stuttgart konnte wieder eine jüdische Grundschule eröffnet, konnten handgeschriebene Torarollen angeschafft und durch jüdische und nichtjüdische Honoratioren vollendet werden.

Gemeinsam mit dem damaligen Generalsekretär des Zentralrats der Juden, Stephan Kramer, durfte ich als Streitschlichter in der Repräsentanz der jüdischen Gemeinde zu Württemberg beim Wiederaufbau der Synagoge in Ulm wirken. Dass alle Jüdinnen und Juden immer unter einer Decke stecken würden, kann ich also aus eigener, intensivster Erfahrung mit Fug und Recht bestreiten – in Synagogen geht es ganz genauso zu wie in Kirchen und Moscheen! Und so wurde 2012 im Beisein von Ministerpräsident Winfried Kretschmann und Bundespräsident Joachim Gauck wieder eine Synagoge in der Geburtsstadt von Albert Einstein eröffnet! Ich war beseelt und voller Optimismus …

Digitales Wiederaufblühen von Verschwörungsglauben

Da ich als Religionswissenschaftler im Staatsministerium beruflich unabhängig war, konnte ich mich nach der Doktorarbeit zu Religion und Hirnforschung in meiner Freizeit auf die internationale Evolutionsforschung zu Religiosität und Religionen stürzen.[7]

Als Lehrbeauftragter an verschiedenen Universitäten arbeitete ich zudem viel zum Verschwörungsglauben, der durch das Internet neuen Auftrieb erhielt. In rasendem Tempo kapselten sich Menschen online in bizarren Mythenwelten ein, nach denen Regierungen »Chemtrail«-Gifte versprühen ließen, die Queen die Anführerin reptiloider Außerirdischer sei und sich im Kinofilm »Matrix« geheime Hinweise auf die finsteren Pläne der Illuminaten fänden. Damals fanden meine Studierenden und ich das noch eher faszinierend als bedrohlich.

Gern erinnere ich mich an ein Seminar an der Universität Jena. Auf ein kurzes Video über moderne Freimaurer-Verschwörungsmythen hatten die religiösen und nichtreligiösen Studierenden gemeinsam so interessiert reagiert, dass ich den restlichen Semesterplan kurzerhand umbaute und 2013 dann ein eBook zu »Freimaurern, Rosenkreuzern und Illuminaten« veröffentlichte. Ich fand: Wenn schon die Verschwörungsverkünder das Internet benutzten, so sollten wir Wissenschaftler ihnen eben auch genau dort die Stirn bieten. Aufklärung schien mir dringlich, aber machbar. Das Internet würde sich, so meinte ich, schon richten.

Den Antisemitismus nahm ich damals noch eher als eine Variante unter vielen wahr, beispielsweise im Aufblühen der bizarren »Germanischen Neuen Medizin« (GNM). Deren Begründer Ryke Geerd Hamer war ein deutscher Mediziner, der nach einer Reihe von Schicksalsschlägen immer tiefer in einen antisemitischen Verschwörungsglauben abgeglitten war und schon 1986 seine Zulassung als Arzt verloren hatte. Schließlich behauptete er, die »jüdische Schulmedizin« vergifte kranke Nichtjuden gezielt, während Jüdinnen und Juden selbst durch die Anwendung der GNM fast krankheitsfrei geworden seien. Das Internet ermöglichte ihm die massive Anwerbung neuer, auch zahlungsbereiter Anhängerinnen und Anhänger, beispielsweise seit 2008 durch das Propagieren einer falsch übersetzten israelischen Pressemitteilung.[8]

Wie Religionen generell häufig mit Heil- und Heiligungsverheißungen arbeiten, so boomt heute die Rechtsesoterik und »Reichsbürger«-Szene durch das Anbieten medizinischer Themen und das Propagieren von digitalem Antisemitismus. Dabei wird anfängliche Skepsis gegen Impfungen und Schulmediziner digital aufgegriffen und in Foren und Gruppen emotional und sozial verstärkt. Neben der politisch-weltanschaulichen Radikalisierung verdienen spezialisierte Anbieter dabei auch richtig Geld. Tobias Ginsburg beobachtete dazu treffend: »Erst ist da das Interesse für alternative Medizin, Homöopathie und glitzernde Steinchen, dann die Frage, wer einem diese wunderbaren Heilmethoden vorenthalten will.«[9]

Arabischer Antisemitismus

Und dann – fast auf den Tag zehn Jahre nach der würdigen Wiederbestattung jüdischer Opfer des Nationalsozialismus in meiner Heimstadt Filderstadt – stand ich im Norden des Irak wieder an kalten Massengräbern. Doch waren diese keine Jahrzehnte, sondern erst wenige Monate alt. Aus Sand und Erde ragten Knochen und Kleidungsstücke yezidischer Männer, Frauen und Kinder, die wieder unter dem Vorwurf ermordet worden waren, sie wären Verbündete des Teufels, der Amerikaner und der Juden.

Über uns flogen die Flugzeuge der Militärkoalition Angriffe gegen die widerwillig zurückweichenden Täter des »Islamischen Staates«. Kurdische Peschmerga sicherten das Areal, während die Schusswechsel von der nahen Front noch über die Ebenen hallten. Weil es meinen Team und mir im Rahmen eines humanitären Sonderkontingentes gelungen war, Hunderte von IS-Gewalt traumatisierte Frauen und Kinder nach Baden-Württemberg auszufliegen, hatten uns die dankbaren Verbündeten eingeladen, die gerade befreiten Gebiete als Zeugen zu besuchen. So sahen wir mit eigenen Augen, was von der Stadt Shingal und den umliegenden Dörfern geblieben war. Es war nicht viel.

Gemeinsam mit dem deutsch-yezidischen Menschenrechtler Mirza Dinnayi und einem Peschmerga-Bombenentschärfer kletterte ich in der völlig zerstörten Stadt durch einen IS-Tunnel, den yezidische Sklaven vor ihrer Ermordung hatten graben müssen. Die Terroristen waren leider nicht nur hirnlose Fanatiker, sondern von Saddam-Offizieren befehligte Einheiten, die Geiseln und Sklavinnen hielten, in Tunnelsystemen der US-Luftüberwachung auswichen und dabei sogar Licht und Lüfter installiert hatten.

Auf den Ruinen einer vom IS gesprengten Kirche aus der Römerzeit hatten die muslimischen und yezidischen Peschmerga ein schlichtes Holzkreuz aufgerichtet. Sie fragten mich hoffnungsvoll, ob ihre christlichen Mitbürgerinnen und Mitbürger wohl eines

Tages wiederkehren würden, und ich brachte keine Lüge über die Lippen. Vor uns lagen die Ruinen eines Zusammenlebens der Religionen, das Jahrtausende bestanden hatte.

Und es scheint zunächst kaum möglich, sich zwei weiter voneinander entfernte Weltanschauungen als den deutschen Nationalsozialismus und den arabischen Islamismus vorzustellen. Doch was diese beiden so unterschiedlichen Ideologien verband und bis heute verbindet, ist der Antisemitismus – der Glaube an eine jüdisch bestimmte Weltverschwörung, gegen die man sich mit Gewalt »verteidigen« müsse. Obwohl die Araber in der rassistischen Ideologie der Nazis selbst als »Semiten« galten (worauf sich viele von ihnen bis heute als vermeintliches Gegenargument zum Antisemitismus berufen), gelang dem NS-Regime der Schulterschluss mit dem Jerusalemer Großmufti Mohammed Amin Al-Husseini und die Anwerbung Abertausender muslimischer Mitkämpfer gegen die vermeintliche Weltverschwörung aus Juden, Briten und US-Amerikanern.

Angesichts der antisemitischen Mord- und Todeslust, die unser psychologischer Leiter Jan-Ilhan Kizilhan später in seinem Buch zur »Psychologie des IS«[10] beschrieb, fühlte ich mich an Hannah Arendt erinnert. Sie hatte über die Gefahr des Antisemitismus geschrieben, wie er auch heutige Antisemiten sowohl rechts- und linksradikaler wie vor allem auch islamistischer Herkunft antreibt:

> »Die Nazipropaganda verwandelte die Fabel einer jüdischen Weltverschwörung aus einer objektiv debattierbaren Lüge in das zentrale Element einer totalitären Wirklichkeit: Die Nazis handelten wirklich so, als ob die Welt von Juden beherrscht sei und einer Gegenverschwörung bedürfe, um gerettet zu werden.«[11]

Und so, wie die deutschen NS-Ideologen ihre Verschwörungsvorwürfe über die Juden hinaus auf weitere Gruppen wie die überwiegend christlichen Sinti und Roma ausgeweitet hatten, so beschuldigten die IS-Ideologen nun die Yeziden, muslimische Schiiten und andere Minderheiten der Mitverschwörerschaft und rechtfertigten damit ihre Massenmorde.

Ein bis heute oft unterschätzter Aspekt des globalen Antisemitismus lag dabei in der hochprofessionellen und emotionalen Anwendung neuer Medien. Die deutschen Nazis nutzten sehr gezielt und auf höchstem Propaganda-Niveau die damals neuen elektronischen Medien Radio und Film, um Anhänger an sich zu binden und sie aufzupeitschen. Ganz ebenso bediente – und bedient! – sich der »Islamische Staat« der digitalen Medien und schockierte die Welt mit brutalen propagandistischen Bildern, Videos und Online-Zeitschriften, gegen die die vernuschelten Tonbotschaften der einstigen Mutterorganisation Al-Qaida veraltet und hilflos wirkten.

Junge Frauen wie Nikki Marczak und Nadia Murad – eine der wenigen Überlebenden aus Kocho, die aus IS-Gefangenschaft fliehen und die wir mit dem Sonderkontingent nach Deutschland retten konnten – erfassten die tiefe Verwandtschaft dieser Menschenverachtung. Nachdem Nadia als UN-Sonderbotschafterin in Australien Nikkis Großmutter, eine Überlebende des Holocaust, gesprochen hatte, entschloss sich die junge Yezidin gegen erbitterte Proteste und Drohungen aus dem Iran und dem Irak zu einer Reise nach Israel und zu einem Besuch der Gedenkstätte Yad Vashem. Ihre ebenso knappe wie tiefe Begründung dafür lautete, ihre bedrohte Glaubensgemeinschaft müsse »lernen, zu überleben«.[12] Am 10. Dezember 2018 erhielt Nadia in Oslo gemeinsam mit dem Kongolesen Denis Mukwege den Friedensnobelpreis für ihr starkes und mutiges Engagement gegen sexualisierte Gewalt und die antisemitische Menschenverachtung des »Islamischen Staates«.

Im Irak, den Vereinigten Arabischen Emiraten und anderen Staaten der Region habe ich oft an Europa vor hundert Jahren denken müssen, denn der Antisemitismus war unter arabischen

Sunniten und Schiiten, weniger unter Kurden mehrheitsfähig und beschränkte sich keineswegs auf extreme Ränder der Gesellschaft. Bei zahlreichen Gesprächen mit Stammes- und Religionsführern, mit Politikern, Akademikern wie auch mit Angehörigen verschiedenster Berufe waren mir immer wieder Aussagen vorgetragen worden wie: »Der türkische Präsident Erdogan ist doch ein heimlicher Jude. Den haben doch die Zionisten eingesetzt, um die Türkei zu zerstören!« – »Die Zionisten und Amerikaner vergiften unser Wasser, damit die Araber und Türken dumm bleiben und sich beherrschen lassen.« Oder noch häufiger: »Der IS besteht doch gar nicht aus Muslimen. Da steckt doch der israelische Geheimdienst Mossad dahinter. Der IS-Kalif Al-Baghdadi ist doch eigentlich ein jüdischer CIA-Agent namens Simon Elliot!« Zudem: »Auch der 11. September, der zur Zerstörung des Irak führte, war doch ein amerikanischer Inside-Job! Alle 4000 Juden hatten die Türme des World Trade Center vor dem Anschlag verlassen.«

Einige Verbündete kurdischer und fernöstlicher Herkunft ließen mich zudem wissen, dass sie doch »auch Arier« seien, wogegen die terroristische Gewalt von »den Semiten« – Arabern und Juden – ausgehe. Wie in Europa existiert der Antisemitismus im Nahen, Mittleren und Fernen Osten sowohl in religiösen wie auch in säkular-religionskritischen Varianten. Sehr viele Musliminnen und Muslime glauben an eine jüdische Weltverschwörung gegen den Islam. Aber mancher vermeintliche »Arier« hält auch den Propheten Muhammad selbst für einen Teil der semitischen Weltverschwörung.

Antisemitismus ohne Juden

Nun erlebte ich also in den arabisch geprägten Ländern hautnah das Phänomen des »Antisemitismus ohne Juden«. Nach der Staatsgründung Israels waren über 140.000 Jüdinnen und Juden aus dem

Irak vertrieben und die ältesten jüdischen Gemeinden der Welt – die einst die Psalmen »an den Flüssen von Babel« (Psalm 137) und den babylonischen Talmud verschriftet hatten – ausgelöscht worden. Doch der Antisemitismus war danach nicht etwa befriedigt entschlafen, sondern weiter mutiert und eskaliert – wie nach der Vertreibung von Juden und Muslimen in Spanien ab dem 15. Jahrhundert! Wie damals Christen, Spanier und Portugiesen warfen sich nun Araber, Türken und Kurden, Sunniten und Schiiten, Säkulare und Religiöse mangels real existierender Juden gegenseitig vor, Teil der jüdischen Weltverschwörung zu sein!

Besonders bedroht waren und sind dabei heute kleinere religiöse Minderheiten wie Yeziden, Drusen, Bahai, Kakai, Schabak und die sich in Erbil neu aus Ex-Muslimen formierenden Zoroastrier. Mit Vertreibungen und Gewalt bedrohen und zerstören die Antisemiten in und um die kurdisch besiedelten Regionen derzeit eines der letzten »Reservoire von Religionen«, in dem sich über Jahrtausende hinweg viele verschiedene ethnische und religiöse Gruppen bilden und halten konnten.[13] Doch in der Logik des Antisemitismus kann es kein versöhntes Mit- oder Nebeneinander von Verschiedenen geben, müssen stattdessen immer neue Mitverschwörer identifiziert, beschuldigt und vernichtet werden.

Nun erst wurde mir völlig bewusst: Der Antisemitismus bedroht nicht nur jüdische und nichtjüdische Opfer, sondern sogar die Antisemiten und deren Nachfahren selbst. Jedes Volk, jede Kultur und jede Religion, in denen Verschwörungsmythen die Wahrnehmungen und Debatten prägen, verurteilt sich selbst zu Ignoranz, Gewalt und Armut. Der Bildungs- und Wirtschaftsaufstieg von Gesellschaften wie Südkorea, Taiwan, Japan oder China wäre durch Antisemiten an der Macht massiv behindert worden.

Zu Recht hat der syrisch-deutsche Politikwissenschaftler Bassam Tibi dagegen bereits 1994 vor dem in der arabischen Welt verbreiteten Glauben an eine Weltverschwörung (arabisch: *al-mu'amarah*) gewarnt, der als ein die Gesellschaft prägendes »Trauma« wirke: »Das Verschwörungsdenken spricht sich selbst von der Verantwortung frei, weil es Mißstände und Mißerfolge stets als Ergebnis einer gegen sich selbst gerichteten Aktion der anderen deutet, die für alles verantwortlich gemacht werden.«[14]

Der Kampf gegen den Antisemitismus dient also keineswegs nur dem Schutz von Jüdinnen und Juden, sondern dem Wohlergehen aller Menschen, Religionen und Weltanschauungen – und müsste gerade auch dort betrieben werden, wo gar keine Jüdinnen und Juden (mehr) leben!

Aber waren meine Eindrücke vielleicht durch Krieg und Terror sowie durch die auch emotional fordernde Evakuierung verfolgter Yezidinnen negativ verzerrt? War der antisemitische Verschwörungsglaube in der islamisch geprägten Welt vielleicht auch nur Ausdruck einer verzögerten Entwicklung und bereits auf dem Rückzug? Dieser letzte Versuch, meinen früheren Optimismus zu bewahren, zerschellte am Datenbefund.

2011, zum zehnten Jahrestag des Terroranschlags vom 11. September 2001 in New York, akzeptierte laut einer internationalen Befragung weltweit nur noch weniger als ein Drittel der erwachsenen Muslime, dass das Attentat von arabischen Terroristen verübt worden war. 2006 waren es noch deutlich mehr gewesen.

Eine nichtarabische Verschwörung behaupteten so absolute Mehrheiten von 57 Prozent in Pakistan über 64 Prozent in Jordanien bis zu 73 Prozent in der Türkei und 75 Prozent in Ägypten. Passend dazu äußerten 69 Prozent der Befragten aus Pakistan und der Türkei eine »negative« Haltung zum Judentum, ebenso wie 89 Prozent der Bewohner der Palästinensergebiete, 94 Prozent der Ägypter und 95 Prozent der Jordanier. Entsprechend sahen auch 53 Prozent der befragten Muslime weltweit die Probleme der islamischen Zivilisation durch die amerikanisch-westliche Politik verschuldet, nur 42 Prozent in fehlender Demokratie, nur 36 Prozent in fehlender Bildung und gar nur zwölf Prozent in islamischem Fundamentalismus.[15]

Während also Mehrheiten der Nichtmuslime von Muslimen eine Distanzierung von Terrorgruppen und kritische Reformen erwarteten, hatte sich in der islamischen und insbesondere der arabischen Welt ein antisemitischer Verschwörungsglaube ausgebreitet, nach dem alles Unheil von einer jüdisch-amerikanisch bestimmten Weltverschwörung ausgehe und Muslime selbst gar nicht Täter, sondern die »eigentlichen« Verschwörungsopfer seien! Und leider habe ich unter durchaus »Wohlmeinenden« im Westen nicht selten die Bereitschaft erlebt, diese Verschwörungserzählungen nachsichtig hinzunehmen oder gar zu übernehmen, anstatt Musliminnen und Muslime darin zu unterstützten, aus diesem antisemitischen Teufelskreis auszubrechen.

Islamistische Gruppen wie der arabische »Islamische Staat«, die afrikanische »Boko Haram« (wörtlich: »Westliche Bildung ist Sünde«), die afghanischen Taliban oder auch türkische Neo-Osmanisten bekämpfen dementsprechend Pressefreiheit, Rechtsstaatlichkeit, säkulare Bildung, Medizin und die Freiheit von Forschung und Lehre auch aufgrund ihres antisemitischen Verschwörungsglaubens. Damit aber verschärfen sie die Probleme, die dann wiederum als Ausfluss der angeblichen, jüdisch bestimmten Weltverschwörung gedeutet werden.

So nährt und radikalisiert sich der Antisemitismus immer weiter aus sich selbst und reißt die einstigen, islamisch geprägten Hochkulturen immer tiefer in den Abgrund. Und natürlich bringen auch Zuwanderer diesen Antisemitismus mit sich, wie es ein Prediger der türkisch-islamischen Zahid-Kotku-Moschee in Berlin am 23. Dezember 2016 traurig belegte. Statt Mitgefühl und Solidarität mit den Familien der Anschlagsopfer auszudrücken, die der IS-Terrorist Anis Amri kurz zuvor am nahen Breitscheidplatz ermordet hatte, predigte der Imam am Tag vor Heiligabend wiederum antisemitische Verschwörungsmythen. So sei der IS das Produkt »ausländischer« Mächte, wodurch Muslime »verleumdet« werden sollten; es bestehe eine »Gefahr von Weihnachten« und schon der Prophetengefährte Amr ibn-Abbas sei eigentlich »der große Jude, der Ungläubige« gewesen.[16]

Sehen wir den Tatsachen ins Auge: In vielen Moscheen auch mitten in Europa wird mehr Antisemitismus als Gottvertrauen gepredigt. Hinzu kommen antisemitische Botschaften arabischer, türkischer, iranischer, aber auch russischer, polnischer, ungarischer usw. Medien, die durch Satelliten und Internet heute weltweit empfangen werden. So werden religiöse und ethnische Identitäten durch Verschwörungsmythen negativ »politisiert«, indem vermeintliche jüdische und westliche Verschwörer als Urheber aller Probleme beschuldigt werden und die Fähigkeit zur Selbstkritik gelähmt wird. Nicht mehr säkulare Bildung und Integration erscheinen dann als geboten, sondern misstrauische Abschottung und antisemitische »Notwehr«. Mir wurde bewusst: Wer über Integrationsprobleme und die Verhinderung von Radikalisierungen spricht, kann zukünftig zum Zentralproblem des Antisemitismus nicht mehr schweigen.[17]

Und ich fand bestätigt, was der kanadische Holocaustforscher Charles Asher Small kurz zuvor so formuliert hatte:

> »Sowohl historisch wie aktuell ist der Antisemitismus eine soziale Krankheit, die mit den Juden beginnt, aber nicht mit ihnen endet; die das jüdische Volk zum sprichwörtlichen Kanarienvogel im Bergwerk macht. Dieser tödliche Erregerstamm des Hasses wendet sich oft gegen andere Gruppen, etwa Frauen, Homosexuelle, moderate Muslime und andere Teile der Bevölkerung, die nicht als ideologisch rein angesehen werden, ebenso wie gegen demokratische Schlüsselelemente wie eine selbstbewusste Bürgerschaft, die Gleichheit vor dem Gesetz und religi-

öse Vielfalt. Antisemitismus ist folglich ein universelles Menschenrechtsthema, das allen wichtig sein sollte.«[18]

Er ist wieder da

Im Januar 2016 kehrte ich mit dem letzten Flugzeug des Sonderkontingents und über 150 yezidischen Frauen und Kindern aus dem Irak zurück, den Kopf voller Beobachtungen zur massiven Verbreitung und zu den Gefahren des Antisemitismus in der arabischen Welt. Doch nur zwei Monate später – im März 2016 – zog nach massiver Internetpropaganda erstmals auch die AfD in den baden-württembergischen Landtag ein. Dazu gehörte z. B. der aus Bayern stammende und nach eigenen Angaben früher linksextreme Dr. Wolfgang Gedeon, dessen dreibändiges Werk »Christlich-Europäische Leitkultur« von antisemitischen und rassistischen Mythen nur so strotzte.

Und schnell wurde klar: Gerade noch hatte ich über die gefährlich weite Verbreitung der Fälschung der »Protokolle der Weisen von Zion« in den islamisch geprägten und von Krieg und Krisen geschüttelten Ländern geschrieben und vorgetragen, da kehrte dieser Antisemitismus in das Parlament meines eigenen wohlhabenden und sicheren Bundeslandes zurück! Und damit auch ja kein Zweifel an der Reichweite der angeblichen jüdisch-freimaurerischen Weltverschwörung blieb, schrieb ihr Gedeon auch die Schuld an der »Islamisierung« Europas sowie der »Verjudung« der christlichen Kirchen zu. Auch bekräftigte der Mediziner den spät-rassistischen Antisemitismus, nach dem Juden nicht nur selbst zur »zionistischen« Weltverschwörung neigten, sondern angeblich auch ihre christlich getauften Nachfahren gezielt in Politik, Wirtschaft, Medien und Kirchen platzierten.[19]

Und Gedeon blieb kein Einzelfall. Der Fuldaer Bundestagsabgeordnete Martin Hohmann war nach einer von antisemitischen

Mythen durchtränkten Rede vom 3. Oktober 2003 von der CDU ausgeschlossen und in der folgenden Bundestagswahl vom neu nominierten CDU-Menschenrechtspolitiker Michael Brand geschlagen worden. Doch im September 2017 kehrte Hohmann über die Landesliste der AfD Hessen in den Bundestag zurück und erzielte mit 17,6 Prozent der Erstimmen auch den dritten Platz in seinem Wahlkreis. Dass Hohmann mit dem Werbebanner »Meine Nächsten sind nicht die jungen Männer aus Afrika« auch den Rassismus bediente, hatte zwar noch die Kirchenleitung, aber offensichtlich nicht mehr die 27.979 Wählerinnen und Wähler empört, die ihm ihre Erststimme gaben.[20]

Längst quoll der Antisemitismus weltweit aus den digitalen Medien ins echte Leben, und erste Alarmrufe erreichten die Politik. So wurde ich im März 2018 nach der Zustimmung aller Fraktionen des baden-württembergischen Landtags (außer der AfD) zum Landes-Beauftragten gegen Antisemitismus berufen. Der Bundeskollege Dr. Felix Klein folgte im Mai, und bis zum Jahresende hatte die erste Hälfte aller Bundesländer nachgezogen. Und praktisch unmittelbar mit dem Dienstantritt wurde jeder von uns mit Meldungen über zunehmenden Antisemitismus überflutet. Obwohl ich ein hervorragendes Team an meiner Seite habe, kämpfe ich bis heute damit, in Veranstaltungen überall im Land so etwas wie einen Damm gegen diese Fluten zu errichten.

Bestanden meine Aufgaben in den vergangenen Jahren vor allem im Aufbauen von Vertrauen, im Organisieren und Verhandeln, so trete ich jetzt rechtem, linkem und religiösem Antisemitismus direkt entgegen und löse damit natürlich auch Widerspruch und Empörung aus. In »friedensbewegten« Kreisen herrscht oft ein großer Widerwille, sich damit auseinanderzusetzen, dass deutsche 68er den rechten Antisemitismus nicht selten nur nach links gedreht haben. Rechtspopulisten und »Reichsbürger« stören aggressiv bei vielen Veranstaltungen.[21] Und manche muslimischen Freundinnen und Freunde tun sich schwer damit, die verführerisch bequeme Rolle als Opfer von Verschwörungen aufzugeben und den Gefahren des Antisemitismus auch in den eigenen Gemeinden und Netzwerken entgegenzuwirken. Umso wichtiger sind gemeinsame Veranstaltungen wie »Sterne, Kreuze, Hakenkreuze« in Ulm, womit nach Anschlägen auf die Synagoge und eine Moschee sowie einer Hakenkreuzschmiererei im Ulmer Münster der gesamte »Rat der Religionen« sich gegen die Wiederkehr des Antisemitismus stellte.[22]

Inzwischen gibt es so viele Vorfälle, dass eine gefährliche Gewöhnung eingesetzt hat. So attackierte der Vizevorsitzende der baden-württembergischen AfD-Fraktion Emil Sänze im Sommer 2018 die gewählte Landtagspräsidentin Muhterem Aras, da sie eine Rundreise zu Holocaust-Gedenkstätten unternommen hatte. Dies stehe ihr, so Sänze, nicht zu, da ihre Vorfahren nicht »in unserem Land Steuern gezahlt« hätten und nicht »in den Kriegen dieses Landes fechten« mussten. Ihr gehe es doch nur darum, »den deutschen NS-Schuldkomplex wieder für ihre Migrantengesellschaft-Agenda zu instrumentalisieren«. Für Sänze hatten diese Anwürfe bisher keine politischen Folgen.[23]

Und als die »Schwäbische Zeitung« wenig später aufdeckte, dass der AfD-Landtagsabgeordnete Hans-Peter Stauch auf Facebook ein antisemitisches Video geteilt hatte, nach dem die jüdische Bankiersfamilie Rothschild eine Weltverschwörung und auch den Zweiten Weltkrieg betrieben habe, protestierten nur noch Uffa Jensen vom Berliner Zentrum für Antisemitismusforschung und ich. Längst wird auch erklärter Antisemitismus in der deutschen Politik wieder rat- und hilflos hingenommen – es ist zu viel geworden, um sich dauernd zu empören.

Im Juni 2018 postete ich auf meinem Wissenschaftsblog »Natur des Glaubens« bei den »scilogs« einen Text über den antisemitischen Verschwörungsmythos des »Hooton-Plans«, nach dem eine jüdisch bestimmte Weltverschwörung angeblich aktiv die »Umvolkung« Europas durch arabische und afrikanische Zuwanderer betreibe.[24]

Doch selbst in meinen schlimmsten Szenarien hätte auch ich mir nicht ausmalen können, dass schon wenige Monate später der Vorwurf, der »Jude George Soros« betreibe als Superverschwörer hinter dem UN-Migrationspakt genau einen solchen Plan der Umvolkung, es sogar bis in den deutschen Bundestag, das Europaparlament und die Vereinten Nationen schaffen und zum Ausscheren mehrerer populistischer Regierungen führen würde.[25] In Belgien kam es darüber sogar zu antisemitischen Ausschreitungen im Brüsseler Europaviertel sowie zum Zerbrechen einer Regierung! Auch in Spanien kehrte 40 Jahre nach der vorerst letzten, antisemitischen Diktatur mit »Vox« wieder eine rechtspopulistische Partei in die Parlamente zurück.[26] In Frankreich, das von antisemitischen Mord- und Terroranschlägen aus islamischen Milieus bereits erschüttert worden war, beschimpften protestierende »Gelbwesten« den gewählten Präsidenten Macron als »Hure der Juden« und deuteten einen islamistischen Terroranschlag in Straßburg als Verschwörung staatlicher Geheimdienste. Aus Sorge vor gewalttätigen Ausschreitungen schlossen einige Pariser Synagogen zeitweilig ihre Pforten.[27]

Nach schweren antisemitischen Krawallen in Charlottesville (USA) hatte schon im November 2018, kurz vor dem 80. Jahrestag der Reichspogromnacht, ein rechtsextremer Attentäter in Pittsburgh den Schabbatgottesdienst der »Tree of Life«-Synagoge gestürmt. Er ermordete elf Jüdinnen und Juden unter dem Vorwurf, Beteiligte an einer verschwörerischen »Invasion« von Flüchtlingen zu sein. Judah Sameth, ein Überlebender des KZ Bergen-Belsen, war vier Minuten zu spät zum Gottesdienst gekommen und wurde nahe der Synagoge Zeuge des Schusswechsels zwischen dem Attentäter und der Polizei. Der »USA today« fasste er seinen ersten Gedanken in der traurigen Aussage zusammen: »Es endet nie.«[28]

Wenig später sprach ich auf einer Tagung der Landesakademie in Bad Wildbad für Lehrerinnen und Lehrer mit Sara Atzmon. Die in Ungarn geborene Jüdin hatte als zwölfjähriges Kind das Konzentrationslager Bergen-Belsen überlebt und später in Israel eine eigene Familie aufgebaut. Als Zeitzeugin und auch Künstlerin hatte sie sich gemeinsam mit ihrem Mann Uri für die Erinnerung und auch den Dialog mit kommenden Generationen engagiert, ihre deutsche Sprache nie verloren.

Auf dieser Tagung stellte sie mir eine Frage, die mir zu Herzen ging: »Sie sind doch Wissenschaftler, daher will ich Sie fragen: Was haben wir Juden falsch gemacht? Warum hassen uns so viele Menschen?« Wie gern hätte ich ihr schon dieses Buch geben wollen! Doch aus Zeitgründen konnte ich es nur fertigschreiben, indem ich die Familie im Sommer und nach Weihnachten allein in den Urlaub fahren ließ.

Sind wir zu spät?

Gern erinnere ich mich an den früheren Optimismus über ein zeitnahes Absterben des Antisemitismus zurück. Heute ist klar: Der Antisemitismus kehrt durch die neuen Medien unserer Tage mit Macht wieder und feuert weltweit Verschwörungsglauben, Hass und Gewalt an. Er wird weiterhin Menschenleben kosten, Lebensläufe, Entwicklungs- und Bildungschancen zerstören sowie Ressourcen verschlingen, die zur Bekämpfung der Armut, zum Schutz unserer Umwelt und zur Förderung von Bildung und Wissenschaften dringend gebraucht würden.

Juden und Nichtjüdinnen werden auch weiterhin aus antisemitischen Motiven angegriffen werden. Schulen und Journalistinnen, Richterinnen und demokratische Politiker, Wissenschaftlerinnen, Ärzte, Impfteams und Menschenrechtsaktivisten werden weiterhin beschuldigt werden, Teil der angeblichen jüdischen Weltverschwörung zu sein. Mit dem Antisemitismus werden weiterhin auch rassistische, frauenfeindliche und homophobe Mythen verbunden und verbreitet werden. Täglich werden weitere Menschen vor allem über digitale und soziale Medien in den Abgrund taumeln und ihr bisheriges Welt- und Gottvertrauen stückchenweise gegen eine antisemitische Weltanschauung voller Angst und Hass eintauschen. Und man wird sich an die Warnung von Baron Rabbi Jonathan Sacks auch mit Bezug auf den wachsenden Antisemitismus in der britischen Linken erinnern: »Der Hass, der mit den Juden beginnt, endet nie mit den Juden.«[29]

Um all dies noch zu verhindern, ist es tatsächlich zu spät. Aber wir können noch immer mitentscheiden, wie schlimm es wird – in unserem Umfeld, in unserer Gesellschaft, in unserem Staat, in unserer Welt. Wir können, was ich in diesem Buch versuchen will, die menschliche Faszination wie auch mörderische Gefahr von Verschwörungsmythen, die nach Elie Wiesel »dunkle Seite unseres Herzens«, aufdecken. Sicher: Die Wissenschaft allein kann den Antisemitismus nicht bezwingen – aber ohne eine mutige Wissenschaft bleibt unsere Gegenwehr orientierungs- und oft auch wirkungslos.

Besonders frustrierend erlebe ich Antisemitismus-Diskussionen nach Art des Familienspiels »Tick Tack Bumm«, in dem eine tickende Zeitbombe durch improvisierte Antworten möglichst schnell weitergereicht werden muss. Dabei ist klar, dass sie schließlich in den Händen eines langsamen oder einfach nur unglücklichen Verlierers »explodiert«. Denn die Bombe wird durch das hektisch improvisierte Weiterreichen nicht entschärft. »Antisemitismus gibt es bei uns nicht – aber bei *denen* sollten Sie unbedingt nachschauen!«, so lautet die häufigste Floskel der reflexhaften Abwehr von Verantwortung. Dabei ticken antisemitische Mythen längst globalisiert und werden quer durch alle Kulturen, Religionen und Länder gereicht.

So berichteten in einer europäischen Befragung von 2018 52 Prozent der Jüdinnen und Juden in Deutschland wie auch 45 Prozent der Jüdinnen und Juden in Polen davon, innerhalb der letzten fünf Jahre selbst antisemitische Vorfälle erlebt zu haben. Die Betroffenen in Deutschland identifizierten dabei – mit der Möglichkeit von Mehrfachnennungen – 41 Prozent der Antisemiten als »extremistische Muslime« und nur fünf Prozent als »extremistische Christen«, 20 Prozent als Rechts- und 16 Prozent als Linksradikale.

In Polen war es bei fast gleich hoher Vorfalldichte religiös genau anders herum – nur zwei Prozent der Übergriffe wurden auf extremistische Muslime zurückgeführt, aber 34 Prozent auf extremistische Christen, 53 Prozent auf Rechts- und sechs Prozent auf Linksextreme.[30]

Antisemitismus tritt in jedem Milieu und jeder Gesellschaft mit vergleichbaren, oft gar austauschbaren Mythen auf und lässt sich nie nur »den anderen« zuschieben. Entsprechend lässt er sich auch am besten durch Zusammenarbeit bekämpfen. Wer mit dieser Zeitbombe stattdessen nur »Tick Tack Bumm« spielen möchte, nimmt in Kauf, dass sie wieder explodieren wird – möglicherweise in der eigenen Hand. Wenn wir Hass, Ignoranz und Armut, Terroranschläge und Massenmorde in Zukunft verhindern wollen, dann sollten wir die verbleibende Zeit nutzen, die Sprengsätze *jetzt* zu entschärfen!

In diesem Buch werde ich die These vertreten, dass wir für das Verständnis von Semitismus und Antisemitismus keine Pseudo-Genetik und keine Verschwörungsmythen brauchen. Vielmehr haben wir es mit der immer noch völlig unterschätzten Wirkung von Medien zu tun. Haben wir erst einmal begriffen, wer dieser mythologische »Sem« (hebräisch: Schem = Name) laut den frühen Überlieferungen war, welche Erfindungen und Tätigkeiten ihm symbolisch zugeschrieben wurden – dann ergibt sich auch ein neuer Blick auf die Gegenmythen des Anti-Sem-itismus. Es ist Zeit, die Antisemiten genau dort zu stellen, von wo sie angreifen – auf dem Feld der Medien und medial geprägten Mythen. Bitte folgen Sie mir mutig zu einem religionswissenschaftlichen Tauchgang direkt zur dunklen Seite unserer Herzen.

1. Mythen und Missverständnisse
Kennzeichen des Antisemitismus

»Wir haben die dunkle Seite des Mondes erforscht, aber nicht die dunkle Seite unseres Herzens.«

Elie Wiesel[1]

»Seien wir ehrlich: Lügen macht frei. Es ist beflügelnd, sich an Fakten nicht mehr gebunden zu fühlen.«

Manfred Dworschak[2]

Man schrieb das Jahr 1961, und die politische Denkerin Hannah Arendt rang mit der Bewertung von zwei Antisemiten. Sie war eine Studentin und auch die Geliebte des Philosophen Martin Heidegger gewesen. Als dieser 1933 Rektor der Universität Freiburg wurde, brach er bald jeden Kontakt zu Arendt und auch zu seinen jüdischen Hochschulkollegen ab.

Arendt, der 1937 die deutsche Staatsbürgerschaft entzogen worden war, gelang 1941 die Flucht in die USA. 1950 traf sie Heidegger in Freiburg wieder. Ihm war gerade aufgrund seiner Rolle im NS-Staat die Lehrerlaubnis entzogen worden; er selbst verstand sich als »Opfer« des NS-Regimes. Er war Antisemit und blieb es zeitlebens. Dennoch pflegte Arendt den Kontakt mit ihm.

Doch 1961 wirkte Hannah Arendt vor allem auch als Beobachterin des Gerichtsprozesses gegen Adolf Eichmann, dessen Beginn sie vor Ort in Jerusalem besucht hatte und den sie bis zum Todesurteil im Dezember über Medien verfolgte. Der israelische Geheimdienst Mossad hatte den Angeklagten in Argentinien aufgespürt und nach Israel entführt. Der Schriftsteller Moshe Pearlman zeigte sich überrascht über die »schiere Gewöhnlichkeit des Mannes«, den er als »Herr Durchschnitt« bezeichnete.[3] Die Unauffälligkeit Eichmanns schockierte auch die internationale Öffentlichkeit. Von einem Monster und Ungeheuer hätten sich die Menschen leichter distanzieren können.

Auf der kaum zweistündigen Wannseekonferenz vom 20. Januar 1942 zur »Endlösung der Judenfrage«, der Planung des Mordes an elf Millionen Jüdinnen und Juden, führte Eichmann das Protokoll. Auch wenn ihm kein persönlicher Mord nachgewiesen werden konnte, betrieb er fortan mit bürokratischer Kälte die Organisation des Massenmordes, vor allem in Ungarn, wo ihm mehr als eine halbe Million Menschen zum Opfer fielen. Eichmann argumentierte, er habe doch nur Befehle »von Staats wegen« befolgt. Deswegen sei er »enttäuscht« über die Anklage gegen ihn. »Auch die Untergebenen sind jetzt Opfer. Ich bin ein solches Opfer.«[4]

Hannah Arendt schenkte ihm weitgehend Glauben und prägte in ihrem späteren Buch »Eichmann in Jerusalem« das bis heute dominierende Schlagwort von der »Banalität des Bösen«. Auch sie verortete die Verantwortung für die Morde vor allem im totalitären, bürokratischen Staat.[5] Der Begriff der Banalität sollte dabei gerade nicht das Böse verniedlichen, sondern dessen Gewöhnlichkeit unterstreichen.

Kritisch und mit einigem Recht wurde Arendt jedoch entgegengehalten, dass ihre These die ideologische Motivation des Antisemitismus unterschätze, die nicht erst im bürokratischen System, sondern auch im einzelnen Menschen liege.

Aus Sicht heutigen Forschungswissens ist klar, dass Eichmann keineswegs widerwillig dem »staatlicherseits vorgeschriebenen« Antisemitismus folgte, sondern ihn bis in die Tiefen seiner Persönlichkeit angenommen hatte – und bis zu seinem Ende nicht mehr überwand. Noch kurz vor seiner Hinrichtung am 1. Juni 1962 wies er das Angebot zurück, ihm eine Bibel dazulassen: »Ich werde das Alte Testament nicht lesen; das sind nichts als jüdische Geschichten und Märchen. Ich weigere mich, sie zu lesen.«[6]

Heidegger und Eichmann waren mit diesem Bestehen auf der eigenen Opferrolle keine Ausnahmen. In den Nürnberger Prozessen gegen die Hauptkriegsverbrecher bekannte sich nur ein einziger Angeklagter – Albert Speer – als schuldig.

Die Beschäftigung mit den Schicksalen von Ermordeten wie auch Überlebenden wie auch die Strafverfolgung gegenüber NS-Tätern führte in den folgenden Jahrzehnten zu einer Vertiefung des Verständnisses. Mehr und mehr wurde deutlich, dass keine anonyme Staatsmaschine gemordet hatte, sondern konkrete, auch psychisch gesunde Menschen. Nicht wenige hatten keineswegs nur unter »Befehlsnotstand« gehandelt, sondern eigeninitiativ, aus Überzeugung und Mordlust, brutalste Verbrechen begangen. Andere waren passiv geblieben und wenige hatten tatsächlich Menschenleben gerettet. Dass z. B. Oskar Schindler aktiv mit Funktionären zusammenarbeitete, diese auch mit Waren belieferte, bewirtete und bestach, um Jüdinnen und Juden zu retten, gilt heute nicht mehr als verwerfliche Kollaboration mit dem NS-Staat. Heute darf als Konsens gelten: Das Ergebnis zählt, die Rettung jedes einzelnen Lebens.

1.1 Antisemitismus als »Wahn« und »Weltbild«

Wenn also keine anonyme Staatsmaschine, sondern das Handeln von Millionen Menschen – Tätern, Mitläufern, Angepassten, wenigen Widerständigen – zu betrachten ist, dann stellt sich die Frage nach dem Antisemitismus mit neuer Schärfe. Wie konnte – und kann! – er Menschen zu Massenmördern machen? Und wenn selbst die völlige Niederlage des NS-Regimes und die Konfrontation mit dem ganzen Ausmaß der NS-Verbrechen kaum einen Antisemiten bekehren konnte – was könnte dann noch helfen?

Deborah Lipstadt, die den Holocaustleugner David Irving in einem mehrjährigen Prozess vor britischen Gerichten bezwungen hatte, definierte den Antisemitismus zuletzt als »Wahn«. Sie räumte ein, »die Frage: Warum Antisemitismus?« derzeit nicht »befriedigend beantworten zu können«. Es sei »unglaublich schwer, wenn nicht sogar unmöglich, etwas zu erklären, das in sich irrational, wahnhaft und absurd ist. Hierin liegt das Wesen aller Verschwörungstheorien, von denen der Antisemitismus nur eine ist.« Wie auch »Verschwörungstheoretiker«, die die US-Mondlandungen für Fälschungen hielten, sei es »nahezu unmöglich«, die Betroffenen mit »Belegen« und »rationalen Erklärungen« noch erreichen zu wollen.[7]

Einen Schritt weiter geht die Linguistin Monika Schwarz-Friesel vom Zentrum für Antisemitismusforschung in Berlin. Nach ihrer Auffassung wäre schon der Vergleich mit anderen »Verschwörungstheorien« nicht mehr statthaft. Der Antisemitismus sei »als kulturhistorisches Phänomen einzigartig, mit nichts zu vergleichen, und er ist in nahezu jedem Milieu zu finden«. So sei »Judenfeindschaft kein Vorurteilssystem«, sondern »ein kulturell verankertes Glaubenssystem: Antisemiten haben ein geschlossenes Weltbild, sie glauben, dass Juden das Übel der Welt sind. Mit Aufklärung ist dem nicht beizukommen. Auch gebildete Antisemiten sind faktenresistent.«[8]

In dieser Deutung erscheint der Antisemitismus als das absolute – buchstäblich mit nichts mehr zu vergleichende – Böse, das jene, die ihm einmal verfallen sind, nicht mehr freigibt. Und die meisten derjenigen, die sich dagegen engagierten, würden schlichtweg noch gar nicht begreifen, mit was sie es zu tun hätten. So beklagte Schwarz-Friesel in einem Beitrag in der »Jüdischen Allgemeinen« eine um sich greifende »Floskelkultur ohne Konsequenzen« und bezweifelte, dass Workshops, Vorträge, Diskussionsrunden und Veranstaltungen überhaupt noch »etwas bewegen«. Das Problem liege bei mangelhafter »Fachkenntnis und Sachverstand« bei jenen, die gegen den Antisemitismus anredeten und z. B. »ignorant immer wieder von den ›Grauzonen‹ schwafeln. Beim Antisemitismus gibt es keine Grauzonen!« Echte Antisemitismusbekämpfung müsse »wehtun, sie muss so weh tun, dass die Gesellschaften in Europa es spüren und eine Ahnung von der Gefahr bekommen, die mit Judenhass einhergeht.«[9]

Internet – wo Antisemitismus greifbar wird

Heute erstarke der Antisemitismus hauptsächlich im Internet. »Es sind vor allem die harmlos anmutenden Seiten und sozialen Netzwerke der normalen User_innen, die auf den ersten Blick weder politisch noch ideologisch ausgerichtet sind, verantwortlich für eine Normalisierung des Antisemitismus im Internet.«[10]

Und dies konnte Schwarz-Friesel auch belegen. In einer Computeranalyse von Kommentaren zu Online-Artikeln deutschsprachiger Zeitungen wie Welt, Focus, SPIEGEL, FAZ, SZ, Tagesspiegel und taz zeigt sich eine rasante Zunahme hasserfüllter, antisemitischer Sprache.

So fanden sich 2007 in 1318 Kommentaren zu Günther Oettingers Trauerrede nach dem Tod des einstigen baden-württembergischen Ministerpräsidenten und NS-Richters Hans Filbinger 7,51 Prozent antisemitische, also Juden kollektiv denunzierende Texte. Das Vorgehen des israelischen Militärs gegen die vom Gaza-Streifen aus angreifende Hamas wurde 2009 unter 380 Kommentaren bereits zu 14,74 Prozent antisemitisch kommentiert. Als Charlotte Knobloch 2010 ankündigte, nicht mehr für die Präsidentschaft des Zentralrats der Juden in Deutschland zu kandidieren, fanden sich bereits 17,17 Prozent antisemitische Einlassungen, allerdings in einer Gesamtsumme von nur 198 Kommentaren. Die Beschneidungsdebatte von 2012 zog bereits 23,32 Prozent antisemitische Texte bei einer Gesamtzahl von 1119 Kommentaren nach sich. Bei der neuerlichen Gaza-Krise von 2014 gab es 2166 Kommentare und einen geringfügigen Rückgang antisemitischer Texte auf 22,67 Prozent. Und als es 2017 zwischen dem damaligen deutschen Außenminister Sigmar Gabriel und dem israelischen Regierungschef Benjamin Netanjahu zu einem Eklat kam, stieg der antisemitische Anteil an den insgesamt 1950 Kommentaren gar auf über 30 Prozent.[11]

Aus eigener Erfahrung muss ich Schwarz-Friesels Beobachtungen bestätigen. Meinen religionswissenschaftlichen Blog »Natur des Glaubens« bei »Spektrum der Wissenschaft« gibt es seit 2008. Seitdem sind zu 738 Blogposts insgesamt 26.270 Kommentare eingegangen. Der Ton hat sich im Laufe der Jahre immer weiter verschärft, sodass ich schließlich dazu übergehen musste, alle Beiträge vor dem Freischalten zu lesen. In den Kommentaren sind also jene gar nicht mehr dabei, die ich löschen musste – und viele sind sicher auch von den Redaktionen der oben genannten Zeitungen nicht freigeschaltet worden. Ein Kommentar, den ich zu Studienzwecken freigab, beklagte die Aufklärung gegen Verschwörungsglauben und wünschte mir »einen sehr baldigen sehr schmerzhaften Tod«.[12] Netz-Alltag.

»Soziale Medien bringen in der Regel nur ans Tageslicht, was sowieso schon in den Menschen schlummert«, erinnerte Victoria Schwartz in einem Gespräch mit Gina Schad über die »digitale Verrohung«. »Durch die räumliche Distanz, noch verstärkt bei Usern von Fake- oder anonymen Accounts, sinkt die Hemmschwelle rapide, sodass einige Menschen nicht einmal mehr rudimentärste Regeln einer angemessenen Kommunikation befolgen.«[13] Ist es aber dann nicht völlig verständlich, dass sich immer mehr Menschen aus der digital-öffentlichen Kommunikation wieder zurückziehen?

Tatsächlich nehme ich wahr, dass nur ein geringer Promille-Bruchteil der Lesenden meines Blogs überhaupt kommentiert – die meisten nehmen die Blogposts einfach zur Kenntnis, äußern sich aber nicht dazu. Die geringe Zahl der Kommentare zum Amtszeitende von Charlotte Knobloch weist nach meiner Erfahrung in die gleiche Richtung. Mir scheint es schlüssig zu sein, dass sich Lesende mit starken Gefühlen oder gar radikalen Ansichten sehr viel häufiger äußern werden als die buchstäblich »schweigende Mehrheit«, die solche Artikel liest und weitergeht. Doch damit nimmt der Hass immer mehr digitalen Raum ein: »Die Infiltration der alltäglichen Kommunikationsräume durch judeophobe Verschwörungsphantasien und Antisemitismen ist allgegenwärtig und typisch für die Netzkultur 2.0.«[14]

Die europäische Grundrechteagentur FRA führte 2012 und 2018 jeweils eine europaweite Umfrage unter Angehörigen des Judentums durch. Auch diese Daten bestätigten: 2012 hatten erst 68 Prozent der Befragten in Deutschland eine Zunahme von Antisemitismus wahrgenommen – 2018 waren es bereits 89 Prozent.[15] 44 Prozent hatten deswegen innerhalb der letzten fünf Jahre schon einmal an Auswanderung gedacht, im Vergleich zu nur 25 Prozent in 2012.[16] Und ebenfalls 89 Prozent nahmen dabei sowohl in Deutschland wie europaweit die Eskalation von Antisemitismus im Internet als Problem wahr – mehr als jeden anderen Aspekt.[17]

Hatten 2012 erst 64 Prozent der Jüdinnen und Juden einen Anstieg von Antisemitismus im Internet wahrgenommen, so war dieser Anteil auf 87 Prozent in 2018 angestiegen. Dazu gab die Agentur auch die Aussage einer Befragten in Deutschland wieder: »Meine größte Sorge sind die ›alternativen‹ Medien wie YouTube-Kanäle, Twitter, Facebook oder Gruppen in sozialen Medien. Rassistische und antisemitische Beleidigungen werden dort (anscheinend anonym) abgegeben und grobe, wahnsinnige, oft antisemitische Verschwörungstheorien werden verbreitet.«[18]

Entsprechend benannten 85 Prozent der befragten Jüdinnen und Juden in Deutschland die Zunahme des Antisemitismus als »soziales und politisches Problem«, aber auch 76 Prozent den Rassismus und 54 Prozent eine Zunahme von Islamfeindlichkeit.[19] Und dies, obwohl 41 Prozent der erinnerten Übergriffe in Deutschland selbst mit Muslimen in Verbindung gebracht wurden.[20]

Dies entsprach wiederum den Befunden einer Studie des Verfassungsschutzes Hessen, dessen Forschungsstelle 7000 deutschsprachige Kommentare zu 38 auf das Judentum und den Staat Israel bezogenen Artikeln und Videos auf Facebook und YouTube analysiert hatte. Von diesen wurden 600 als antisemitisch bewertet. Der Anteil mit einem mutmaßlich muslimischen Hintergrund war etwa gleich groß wie der mit einem rechtsextremen Hintergrund. Bei israelbezogenen Kommentaren seit dem Gaza-Konflikt um 2014 stieg der mutmaßlich muslimische Anteil sogar auf mehr als die Hälfte aller Kommentare.[21]

Damit stellt sich freilich die Frage, ob der vor allem digital anwachsende Antisemitismus wirklich in der Breite der Gesamtgesellschaft zunimmt, oder ob sich kleine, antisemitische – vor allem rechtsradikale und muslimische – Gruppen im Internet einerseits radikalisieren und dieses andererseits mit antisemitischen Beiträgen fluten. Werden die Antisemiten gesamtgesellschaftlich mehr – oder werden sie nur digital lauter und sichtbarer?

Die Reihenbefragungen der Leipziger »Mitte«-Studien scheinen dazu ein klares Bild zu ergeben: Stimmten 2002 noch 55,5 Prozent aller in Deutschland Befragten der Aussage ganz oder teilweise zu, nach der »der Einfluss der Juden zu groß« sei, so sank die Zustimmung dazu wellenförmig, aber mit klar rückläufiger Tendenz auf immer noch 30,8 Prozent in 2018.[22]

Im Bereich der Ausländerfeindlichkeit war dagegen von 2002 (26,9 Prozent) kaum ein Rückgang festzustellen (2018: 24,1 Prozent), unter Ostdeutschen sogar eine geringfügige Zunahme (2012: 30,2 Prozent – auf 30,9 Prozent in 2018).[23]

2014 erstmals gefragt, bejahten damals 55,3 Prozent, »ein Problem« damit zu haben, »wenn sich Sinti und Roma in meiner Gegend aufhalten«. In 2018 waren es 56 Prozent.[24]

Und der Aussage, sich »durch die vielen Muslime manchmal wie ein Fremder im eigenen Land« zu fühlen, stimmten bei der ersten Erhebung 2014 43 Prozent aller Befragten in Deutschland zu, 2016 50 Prozent und 2018 55,8 Prozent.[25]

Zusammengefasst ließe sich also beobachten, dass der geäußerte Antisemitismus auch in Deutschland tatsächlich vor allem über das Internet enorm zugenommen hat und dass sich Menschen mit antisemitischen Überzeugungen im Netz lautstark radikalisieren. Dies betrifft jedoch zumindest bisher nicht die Mehrheit der Gesellschaft, sondern extremistische, populistische und insbesondere muslimische Netzwerke. Stabilität oder gar eine Zunahme verzeichnen dagegen ausländer- und islamfeindliche Einstellungen.

Der Antisemitismus mag nicht das absolut Böse personifizieren. Doch er radikalisiert sich als Glaube an die verschwörerische Weltherrschaft des absoluten Bösen – und ist damit nicht einfach nur »irgendein« Rassismus. Wo Vergleiche dazu dienen, diese besondere Gefahr zu vernebeln, erfolgt Schwarz-Friesels Hinweis zu Recht.

1.2 Die große Versuchung: Relativierung

Einerseits gilt: Wissenschaft muss vergleichen, denn nur dadurch gewinnt sie überprüfbare Erkenntnisse. Aber andererseits gilt eben auch: Vergleiche können sehr leicht zur Relativierung benutzt werden.[26] So kursierten in Deutschland schon 1947 wieder Texte, mit denen die ersten Berichte von KZ-Überlebenden abgewehrt wurden: »Hatten die Häftlinge Hunger? Den haben wir auch. Haben die Häftlinge gefroren? Das tun wir auch. Häuften sich die Toten in den Krematorien? Wenn es so weitergeht, werden sie das bald wieder tun. Waren die Häftlinge eingesperrt? Das sind Tausende von Kriegsgefangenen auch.«[27]

Gerade also die Konfrontation mit antisemitischen Taten wurde durch Vergleiche zur Bekräftigung der eigenen Opferrolle umgedeutet. Und schon waren die zivilen Jüdinnen und Juden jeden Alters mit den Soldaten der Wehrmacht gleichgesetzt. Da war es nur noch ein weiterer – bis heute sehr beliebter – Schritt, auch das israelische Militär mit der deutschen SS gleichzusetzen und damit die gefühlte Eigengruppe zu entlasten. Der jüdische Psychoanalytiker Zvi Rex kommentierte diese Strategie, eigene Schuldgefühle durch relativierende Vergleiche auf Juden und Israelis abzuwälzen, so: »Auschwitz werden uns die Deutschen niemals verzeihen!«[28]

Denn wenn alle Formen gruppenbezogener Menschenfeindlichkeit gleichgesetzt werden können, dann sind türkische, US-amerikanische und israelische Akteure ganz schnell die »neuen Nazis« und entsprechend Kurdinnen und Armenier, Afroamerikanerinnen und Palästinenser im Gaza-Streifen ebenso schnell die »neuen Juden«. Entsprechend löste der sächsische NPD-Fraktionschef Volker Apel 2005 im Dresdner Landtag einen Eklat aus, als er die alliierte Bombardierung der Stadt im Februar 1945 als »Bomben-Holocaust« bezeichnete. Der NPD-Bundesvorsitzende Udo Voigt legte am Tag darauf nach, indem er behauptete, der »Begriff Holocaust« treffe »sicherlich auf die Vernichtung der Deutschen wie der Juden zu« – womit er nicht nur die Kriegshandlung mit dem staatlich organisierten Genozid an Zivilisten gleichsetzte, sondern die ermordeten deutschen Jüdinnen und Juden nachträglich als Nichtdeutsche ausgrenzte.[29]

Europäische Mächte haben in den Kolonialgebieten furchtbare Massenmorde an unschuldigen und wehrlosen Menschen verübt. Im kommunistischen China wurden Millionen Menschen umgebracht oder sind verhungert, ebenso im Kambodscha der »Roten Khmer«. Und was ist mit jenem üblen Typen, der seine Ex-Freundin misshandelt und ermordet hat? Ist er ein Beteiligter am jahrtausendealten »Femizid«?

Wenn hinter aller tödlichen Gewalt nur verschiedene Formen der gleichen Menschenverachtung steckten, ist dann irgendwann alles Holocaust? Müssten dann nicht die verschiedenen Opfergruppen gegeneinander abgewogen werden?

Wäre dann z. B. die Arbeit der IHRA, der Internationalen Allianz zum Holocaustgedenken, nicht wiederum selbst »rassistisch« zu nennen, da sie sich auf die Verbrechen an NS-Opfern konzentriert und damit wiederum den Genozid an den Kongolesen oder an den Chinesen »relativiert«? Und wie käme ich dann eigentlich dazu, Ihnen hier ein Buch über die Gefahren des Antisemitismus vorzulegen? Schließlich haben alle bekannten Genozide, einschließlich des Holocaust, unbestreitbar eines gemeinsam: Sie wurden fast ausnahmslos von Männern angeleitet und durchgeführt und ihnen fielen Abermillionen von Frauen und Kindern zum Opfer. Müsste also nicht eigentlich vor allem der Männergewalt gewehrt werden? Hätte Hannah Arendt den Antisemitismus Eichmanns – und Heideggers – nicht präziser unter »Banalität des Mannes« zusammenfassen können?

Durch Vergleiche relativieren

Vergleiche sind notwendig; doch ebenso notwendig ist der Widerstand gegen Versuche, sie in Relativierungen umzumünzen. Denn selbstverständlich kann sich keine Mörderin durch den Hinweis entlasten, Männer generell und schon allein Stalin hätten doch viel mehr Menschen umgebracht. Adolf Eichmann konnte sich nicht durch den Hinweis auf die Kongopolitik des belgischen Königs Leopold II. entlasten. Türken können den Genozid an den Armeniern nicht durch Verweise auf den deutschen Genozid in Namibia relativieren. Getötete Kinder in Dresden und Treblinka lassen sich nicht gegeneinander aufrechnen und der Holocaust an sechs Millionen Jüdinnen und Juden wird durch den Verweis auf 62 Millionen ermordeter und verhungerter Chinesinnen und Chinesen nicht unbedeutender.

So heißt es im Koran, in Sure 5, Vers 32: »Aus diesem Grunde haben Wir den Kindern Isrāʾīls vorgeschrieben: Wer ein menschliches Wesen tötet, ohne (daß es) einen Mord (begangen) oder auf der Erde Unheil gestiftet (hat), so ist es, als ob er alle Menschen getötet hätte. Und wer es am Leben erhält, so ist es, als ob er alle Menschen am Leben erhält.«[30] Und tatsächlich findet sich dieses Gebot im jüdischen Talmud, im Traktat Sanhedrin 37a: »Warum wurde ein einziger Mensch geschaffen, um Vater aller Familien der Erde zu sein? Um uns zu lehren, dass, wer einen Menschen tötet, es ist, als wenn er eine Welt zerstörte.«[31] Ebenso lässt Jesus den Weltenrichter laut Matthäus 25, Verse 40 und 45 ankündigen, was »einem von diesen meinen geringsten Brüdern« an Hilfe getan oder nicht getan wird, sei ihm – Gott – selbst getan oder nicht getan.[32]

Auch beim Aufklärer Kant finden wir dazu die Forderung, jede Person »als Zweck, niemals bloß als Mittel« anzusehen – ein Mittel habe einen »Marktpreis«, ein Zweck jedoch eine »Würde«.[33] Menschen wären demnach untereinander sehr wohl vergleichbar, ihre jeweilige Würde aber gerade nicht gegeneinander relativierbar.

Wie notwendig, aber auch schwierig die Anwendung dieser Maxime in der Realität ist, zeigten die europäischen Debatten über Seenotrettungen von Geflüchteten aus dem Mittelmeer. Einerseits galt – und gilt – die unbedingte Pflicht, Menschen vor dem drohenden Tod im Meer zu retten. Andererseits aber wurde den Rettern vorgehalten, dass sie mit der Aufnahme von Schutzsuchenden nicht nur das Geschäft von Schleppern erledigten, sondern viele weitere, mitunter auch gar nicht gefährdet Lebende dazu anstiften würden, es ebenfalls mit einer Fahrt über das Mittelmeer zu versuchen. Kann Lebensrettung also Dritte Leib und Leben kosten?

Sollte man aber deswegen ernsthaft darüber nachdenken, nicht mehr zu retten?[34]

Mit der Drastik solcher Fragen war ich in der Leitung des Sonderkontingents für besonders schutzbedürftige Frauen und Kinder aus dem Nordirak immer wieder direkt konfrontiert. Die Betroffenen, vor allem Yezidinnen, aber auch Christinnen und ihre Kinder, waren in die Hände des »Islamischen Staates« geraten, hatten unfassbare, auch sexualisierte Gewalt und Folter durchleben sowie den Tod engster Angehöriger verkraften müssen. Nicht selten bekamen wir zu hören, wir könnten »doch ohnehin nicht alle retten«, warum wir also nicht gleich aufgäben? Dagegen vereinbarten wir im Projektteam das gemeinsame Leitmotto »Jedes Leben zählt«. Nicht: alle oder keinen, sondern: Diese Frau. Dieses Mädchen. Diesen Buben.

Als hilfreich schlug ich das Bild eines Rettungsbootes im Angesicht eines sinkenden Schiffes vor – auch wenn wir nicht alle Ertrinkenden aus dem Wasser ziehen könnten, so seien wir doch verpflichtet, das Boot bis auf den letzten Platz zu füllen; und zwar zuerst mit jenen, die keinesfalls bis zum nächsten Rettungsboot durchhalten würden. Natürlich mussten wir also »vergleichen« und konkret entscheiden, wen wir als besonders schutzbedürftig aufnahmen – und wen also nicht. Und ich gebe auch zu, dass mich viele dieser Entscheidungen bis tief in die Nacht verfolgten – und ich nur deswegen bereit war, dies überhaupt zu tun, weil dadurch Leben gerettet werden konnten. Zwar gaben wir, trotz einiger »Angebote«, nie Geld für den Freikauf von Gefangenen des IS aus – um nicht aus Steuergeldern Terror zu finanzieren und um auf keinen Fall die Preise hochzutreiben –, doch warfen wir keiner Familie vor, dass sie ihrerseits Frauen oder Kinder freigekauft hatte. Es kommt immer auf die Rettung eines einzelnen Lebens an. Und als sich Niedersachsen und Schleswig-Holstein bereit erklärten, zu den 1000 nach Baden-Württemberg Aufgenommenen noch einmal 100 Menschen aufzunehmen, hat dies niemand als »zu gering« abgelehnt. Stattdessen stemmten wir einen zusätzlichen Einsatz, um auch diese 100 aufzunehmen und nach Hannover zu fliegen. Und wenn ich heute einigen der aufgenommenen 500 Frauen und 600 Kinder in ihrer jeweiligen Einzigartigkeit begegne, kann ich nur bestätigen: Jeder Mensch ist eine ganze Welt.

Das gilt z. B. für die zwischenzeitliche Friedensnobelpreisträgerin Nadia Murad ebenso wie für den Kindergartenjungen, der mich bei einem Besuch wiedererkannte und mir unvermittelt den schönsten Dank ausdrückte – indem er stolz auf Deutsch bis 20 zählte. Philosophisch gesprochen, nahm ich in beiden Fällen gleichermaßen Würde wahr. Biblisch gesprochen, gelten beide gleichermaßen als nach Gottes Bild geschaffen. Würden Sie von mir einen Entscheid darüber verlangen, welche Aufgenommenen »wertvoller« als andere waren, dann könnte und wollte ich darauf unmöglich eine Antwort geben – denn ich kann sie zwar (etwa nach Alter und Geschlecht) vergleichen, aber nicht gegeneinander relativieren.

Vergleichen – nicht relativieren – hieß freilich auch, anzuerkennen, dass der IS gegen die Yeziden auf das gleiche antisemitische Motiv der angeblichen Weltverschwörung zurückgriff, mit dem die Nazis die Ermordung von über 500.000 Sinti und Roma in Europa betrieben. Handlungsleitend war nicht einfach nur Antiziganismus im Sinne negativer Vorurteile, sondern darüber hinaus der antisemitische Glaube daran, dass diese vor Jahrhunderten nach Europa zugewanderte Volksgruppe als Teil der jüdischen Weltverschwörung zu betrachten sei und bereits die »Arier« in Indien unterwandert habe.

Erst der Antisemitismus radikalisierte den Antiziganismus zum Massenmord. Der eskalierende Verschwörungsglaube und der daraus folgende, sogar das eigene Militär schädigende Vernichtungswille verkörperte sich schließlich in Erlassen des NS-Regimes gegen »Zigeuner und Zigeunermischlinge in der Wehrmacht«.

So wurden selbst deutsche Soldaten wie Alfons Lampert bei einem Fronturlaub in Wiesbaden zusammen mit seiner Familie verhaftet und – noch in Uniform – ins KZ Auschwitz deportiert, dort mit seiner Frau Else sowie weiteren Angehörigen ermordet. Ein Bild der beiden ist erhalten, ein Bild von zwei würdigen, einzigartigen Menschen.[35] Und es wird deutlich, dass ein einmal entfesselter Verschwörungsglaube völlig losgelöst vom Verhalten der Beschuldigten agiert. Der Antisemitismus kann sich mit jeder anderen Form der Menschenverachtung verbinden und diese radikalisieren. Damit bedroht er uns alle.

Antisemitismus und Rassismus – seit jeher verbunden

Einerseits funktioniert der Antisemitismus wie jeder andere Rassismus über die kollektive Zuschreibung von angeblich unveränderlichen Negativeigenschaften. In dieser Hinsicht ist er mit jedem anderen Rassismus vergleichbarer »Judenhass«. Andererseits bekommt er seinen besonders gefährlichen Charakter durch die Behauptung einer Weltverschwörung und den Wunsch nach Vertreibung und Vernichtung aller angeblichen Verschwörer – und zudem durch die Tendenz, immer weitere Menschengruppen als angebliche Mitverschwörer anzugreifen. Antiziganisten sind Rassisten, die Sinti und Roma auch heute noch vertreiben wollen. Kommt aber Antisemitismus hinzu, dann wollen sie sie ermorden.

Ein Antisemit verübt Verbrechen und Gewalt im Glauben, ein Opfer zu sein, sich und seine Gruppe in Notwehr zu verteidigen. Fehler, Niederlagen, selbst komplettes Scheitern werden nicht etwa selbstkritisch reflektiert, sondern der vermeintlichen Weltverschwörung angelastet. Einen Tag vor seinem Suizid im April 1945 bekundete Hitler in seinem »politischen Testament«, es sei »unwahr, dass ich oder irgendjemand anderer in Deutschland den Krieg im Jahre 1939 gewollt haben. Er wurde gewollt und angestiftet ausschließlich von jenen internationalen Staatsmännern, die entweder jüdischer Herkunft waren oder für jüdische Interessen arbeiteten.«[36] Solange Antisemiten aus ihrer Mythologie nicht auszusteigen vermögen, verstehen sie sich immer als Opfer böser, verschwörerischer Mächte.

Baron Rabbi Jonathan Sacks hielt fest: »Alles menschliche Leiden zählt, und es zählt gleichwertig. [...] Jeder ist ein mögliches Opfer. Die Menschheit insgesamt leidet.« Die besondere Bedrohung des Antisemitismus resultiere nicht daraus, dass jüdische Opfer mehr wert wären als nichtjüdische, sondern daraus, »welche Rolle er in der Begründung des Bösen spielt«. Indem Juden »die Rolle des Sündenbocks erfüllten«, dienten sie der Gruppenpsychologie menschenverachtender Bewegungen, die auch ganz andere und weitere Menschengruppen angriffen.[37]

Entsprechend hofft auch Jan Assmann auf den Tag, »an dem die Amerikaner den verschleppten und versklavten Afrikanern und den ihres Landes beraubten Indianern, die Israelis den vertriebenen Palästinensern, die Russen und Chinesen den ermordeten Regimegegnern, die katholische Kirche den Opfern der Kreuzzüge und der Inquisition, die Türken den ermordeten Armeniern, die Japaner den im Zweiten Weltkrieg überfallenen Chinesen und Koreanern, die Australier den ihres Landes beraubten Ureinwohnern« Gerechtigkeit widerfahren ließen. Doch »Auschwitz, das dunkelste Kapitel der deutschen Geschichte«, dürfe dabei »unter keinen Umständen in Vergessenheit geraten«, da es »fundierendes Element einer globalen Zivilreligion geworden ist, der es um Demokratie und Menschenrechte geht. Deren Erinnerungsgebot heißt ›Nie wieder Auschwitz‹«; es richte sich nicht nur gegen deutschen Faschismus, sondern an »die Menschheit«, die »nie wieder Täter, Mitläufer, Wähler eines die Menschenwürde mit Füßen tretenden Regimes sein« solle.[38] Schon bloße Vorurteile sind furchtbar. Verschwörungsvorwürfe werden aber schnell mörderisch.

»Der antisemitische Aberglaube« wäre, so befürchtet auch der Religionswissenschaftler Johannes Kretschmann, »erst in einem apokalyptischen Krieg ums kosmische Überleben durch Hekatomben von Opfern zu falsifizieren«[39] – und bei eingefleischten Antisemiten nicht einmal dann.

Zu antisemitischer Gewalt gegen Juden und Nichtjuden ist es in der Geschichte immer wieder gekommen – und es liegt an uns allen, ob wir es weiterhin dazu kommen lassen. Recht verstandenes Erinnern an die Schoah und an die vielen anderen Massenverbrechen der Menschheitsgeschichte relativieren sich also gegenseitig in keiner Weise; sie ergänzen einander. Antisemitismus und Rassismus sind über Verschwörungsmythen seit jeher verbunden – und auch nur gemeinsam zu bezwingen.

1.3 Verschwörungspyramiden

Reale Verschwörergruppen – etwa Verbrechersyndikate, Drogenkartelle, Terrorgruppen – stehen immer in Konflikten miteinander, die nicht selten auch in »Bandenschießereien«, »Kartellkriegen« und gegenseitigen Angriffen ausgetragen werden. Doch als der US-amerikanische Psychologe Rob Brotherton Gruppen erforschte, die etwa an eine gefälschte Mondlandung oder ein großes Komplott zur Ermordung Kennedys glaubten, entdeckte er ein interessantes Phänomen: Verschwörungsgläubige gehen praktisch nie davon aus, dass verschiedene Verschwörergruppen miteinander um die Macht eifern. Ihr Weltbild ist stattdessen pyramidenförmig aufgebaut – »unten« stehen die Fußtruppen, die gar nicht wissen, dass sie Teil der Weltverschwörung sind und daher gern auch mal gegeneinandergehetzt und geopfert werden. Weiter oben finden sich bereits mächtigere Mitverschwörer in Konzernen, vor allem in Banken, Medien und der Politik. Und ganz oben, an der

Spitze der Pyramide, seien Superverschwörer mit übermenschlichen Fähigkeiten, die über Jahrhunderte und Jahrtausende hinweg aus dem Verborgenen agieren können.[40] Weist man aber darauf hin, dass z. B. der Bund der Illuminaten nur von 1776 bis zu seinem Verbot 1785 in Bayern bestand und seit 1790 nicht mehr wissenschaftlich nachweisbar ist, so lautet die unwiderlegbare Antwort: »Da sieht man mal, wie gut die sind!«[41]

Und tatsächlich bilden Gruppen von Verschwörungsgläubigen zur Verbildlichung ihrer angstvollen Wahrnehmungen auch selbst häufig Verschwörungspyramiden ab – und dies weltweit, quer durch die Kulturen. Auffällig ist dabei, dass die Spitze der Pyramide tatsächlich fast immer von Symbolen wie dem »allsehenden Auge« gebildet wird, die mit Juden, Freimaurern / Illuminaten und den USA assoziiert werden.

Die Verschwörungspyramide hat die gewissermaßen umgekehrte Funktion der monotheistisch-religiösen Symbolik – wo dort eine gütige Gottheit mit einer Zwischenebene aus Engeln die Menschheit prüft und leitet, steht im Verschwörungsglauben eine böse, alles bestimmende Supermacht, die die Menschheit bedroht. Schon seit Jahrtausenden in allen Weltreligionen bekannt sind Systeme von Gnostikern (aus dem Griechischen: den »Wissenden«), in denen eine böse Macht die unwissenden Seelen täuscht und die gute Gottheit aus dem Weltgeschehen verdrängen will.

Es handelt sich dabei selbstverständlich nicht um wissenschaftliche, sondern um mythologische Systeme, die sich seit der Antike globalisiert haben. Die Entstehung und Entwicklung des auch religiösen Antisemitismus werden wir noch genauer betrachten. Schon polytheistische Ägypter, Römer und Griechen warfen dem Judentum immer wieder Verschwörungen vor und entfesselten immer wieder Kampagnen zu dessen Zwangs-Assimilation oder Vernichtung. Von dort drang der Antisemitismus auch in Christentum, Islam, weitere Religionen und Weltanschauungen ein und

In mehreren »sozialen Medien« verwendete Darstellung einer Verschwörungspyramide. An der Spitze steht das »allsehende Auge«, das antisemitische Assoziationen sowohl zum semitischen Monotheismus wie auch zum Freimaurertum weckt, ohne die Superverschwörer konkret zu definieren. Dokumentiert von Michael Blume auf scilogs.de, 2016[42]

ist heute zur global dominierenden Form des Verschwörungsglaubens geworden.

Aus diesem Grund stehen praktisch immer vermeintlich jüdische Superverschwörer an der Spitze der Verschwörungspyramide, meist gemeinsam mit Freimaurern bzw. Illuminaten. Europäische Rassisten behaupten nicht, dass verschwörerische Afrikanerinnen, Chinesen oder Muslimbrüder die Juden kontrollieren würden. Antisemitische Islamisten lehren nicht, dass nichtjüdische Atheisten oder Kommunisten hinter der Weltverschwörung gegen den Islam stünden. Linksextreme raunen nicht, »die Bourgeoisie« oder »die Kapitalisten« würden jüdische Banker kontrollieren. Entschiedene Religionskritiker werfen nicht den Parsen vor, sie hätten mit der Anbetung des Ahura Mazda die Feuer der Religion entzündet.

Der antisemitische Grundmythos kann dabei beliebig angepasst werden. »Mussolinis Rassengesetze waren ein Zugeständnis an Adolf Hitler«, erklärte der Anführer der neofaschistischen Vereinigung Azione Frontale in Rom, Ernesto Moroni, 2018. Und wer stecke wiederum hinter Hitler? Die Juden. »Sie waren Hitlers Financiers und haben so ihr eigenes Unheil sehenden Auges herbeigeführt.« Warum sie das getan haben sollen? Nun, auch »Abraham war bereit, seinen eigenen Sohn zu opfern«.[43]

Wenn überhaupt noch eine Macht über den jüdisch-freimaurerischen Superverschwörern geglaubt wird, dann ist sie außerweltlich: Ein dualistischer Gegen-Gott mit Teufeln und Dämonen oder – als moderne, pseudo-technologische Version davon – reptiloide Außerirdische. Die Aufspaltung der gesamten geistigen Welt in die vermeintlich absolut gute Eigengruppe und die vermeintlich absolut böse Fremdgruppe ist dann vollzogen, wie im Himmel, so auf Erden. »Der Teufel wäre zur Entschuldigung Gottes die beste Auskunft«, erkannte Freud bereits 1929, »er würde dabei dieselbe ökonomisch entlastende Rolle übernehmen wie der Jude in der Welt des arischen Ideals.«[44]

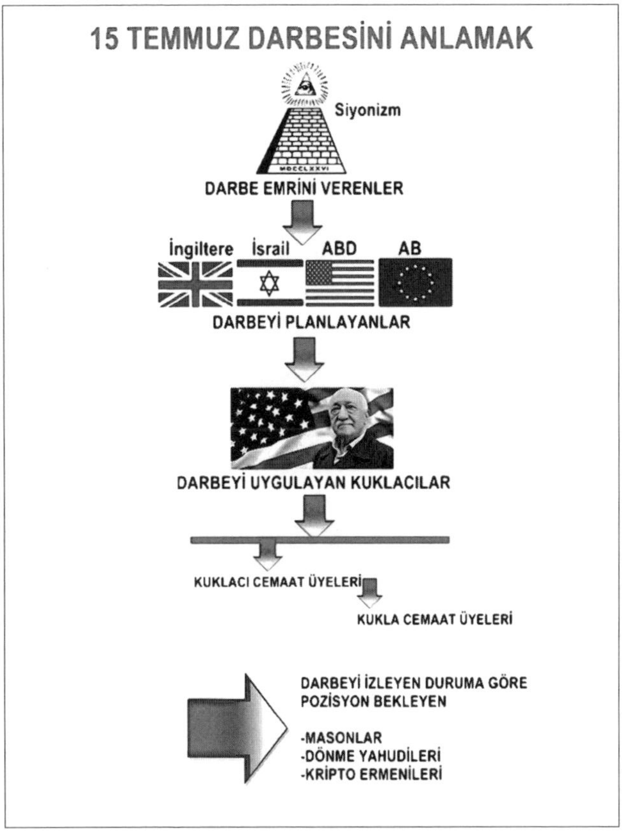

Eine türkische Verschwörungspyramide zum Putschversuch vom 15. Juli 2016. An der Spitze der geglaubten Weltverschwörung stehen »Zionisten«, die zugleich mit der Freimaurer-Pyramide auf der US-Dollarnote identifiziert werden. Diese kontrollieren wiederum nur westliche, christlich und jüdisch geprägte Demokratien. Diese steuern Fethullah Gülen, einen in den USA lebenden islamischen Prediger, der nach einem langjährigen Bündnis mit dem türkischen Präsidenten Erdogan von Letzterem als Putschist und Verschwörer bezeichnet wurde. Gülen kontrolliert wiederum weitere Religionsgemeinschaften, und an der Pyramidenbasis finden wir Freimaurer, schein-konvertierte Juden und »Krypto-Armenier«. Diese anonym erstellte Verschwörungspyramide wurde seit 2016 abertausendfach geteilt und dient unter anderem dazu, jede Art von Kritik und Opposition gegenüber dem türkischen Präsidenten als Teil der Weltverschwörung zu denunzieren. Dokumentiert von Michael Blume auf scilogs.de, 2016[45]

Wie der Monotheismus – der Glaube an nur eine, gute Gottheit – ist auch der Dualismus nicht durch wissenschaftlich überprüfbare Beobachtungen, sondern durch Mythen strukturiert: Diese Mythen erscheinen dann als glaubwürdig, wenn sie bereits von möglichst vielen anderen erzählt werden. Es ist damit kaum möglich, breitere Zustimmung für neue Mythensysteme zu finden, die nicht bereits auf älteren Mythen aufbauen – sie entwickeln sich pfadabhängig.

James Bonds glaubwürdigste Feinde

Der Brite Ian Fleming hatte in jungen Jahren unter anderem in Österreich gelebt und sprach Deutsch. Er diente auch deswegen im Zweiten Weltkrieg dem Marine-Nachrichtendienst des Vereinigten Königreichs gegen das NS-Regime und entwarf nach dem Krieg die überaus erfolgreiche Bond-Reihe mit Anklängen an das eigene Leben.

Doch auf der Suche nach besonders »glaubwürdigen« Erzbösewichten schuf er den jüdischen Verschwörer Auric Goldfinger. Dieser war gierig und sadistisch; seine Ex-Gespielinnen ermordete er, indem er sie mit Gold überzog. Fleming hatte den Superschurken, dargestellt von Gert Fröbe, nach einem ihm bekannten Juden benannt, dem Architekten Ernö Goldfinger – der »den Rest seines Lebens« unter entsprechendem Spott zu leiden hatte. Selbst Flemings begeisterter Biograf Ben Macintyre war geneigt, in der Affäre einen »Hauch Antisemitismus« einzuräumen.[46]

Fleming selbst schilderte das Selbstverständnis seiner Arbeit so: »Meine Plots sind fantastisch, gleichzeitig basieren sie oft auf Wahrheit.« Sie gründeten auf »echter Secret Service-Geschichte, die zugleich in den höheren Welten der Fantasy ist, und James Bonds Reisen in diese Welt sind absolut legitim«.[47] Im Bond-Universum spielen demokratisch gewählte Politikerinnen und Politiker praktisch keine gestaltende Rolle, wird doch die »eigentliche« Weltgeschichte von Superverschwörungen durch Geheimbünde, Superschurken und – nach Flemings Tod – auch durch Medienmogule bestimmt. Entsprechend werden die ebenso genialen wie abgrundtief verdorbenen Bond-Bösewichte nicht einfach überführt und rechtsstaatlich verurteilt, sondern durch Bonds »Lizenz zum Töten« zur Strecke gebracht.

Auch ich selbst liebe die Bond-Reihe ebenso wie andere Verschwörungsstreifen wie »Matrix«, »Designated Survivor« und die Bücher von Dan Brown. Und basiert nicht auch die ganze, von mir und meinen Kindern gefeierte »Star Wars«-Saga auf dem Mythos einer immer wiederkehrenden imperialen Verschwörung gegen eine immer wieder naive Sternenrepublik? Gut gemachte dualistische Verschwörungsfilme sind einfach superspannend!

Und wer nimmt denn auch schon bewusst wahr, dass »Goldfinger« ein jüdischer Superschurke ist, der schmierige »Star Wars«-Vizekönig der gierigen Handelsföderation Nute Gunray dem US-Präsidentschaftsbewerber Newt Gingrich nachempfunden wurde, oder dass der Name Elliot eine englische Variation von Elias bezeichnet – nicht nur in Elliot Carver, sondern auch im angeblichen CIA-Baghdadi-Double Simon Elliot, von dem im Einleitungskapitel die Rede war? Erst bei offen antisemitischen Verschwörungsthrillern wie Kollegahs »Apokalypse« oder dem türkischen »Tal der Wölfe« merken wir auf …[48]

Ich gehe nicht davon aus, dass etwa Fleming oder nachfolgende Bond-Autoren gezielt Verschwörungsglauben und Antisemitismus anfachen wollten. Doch auch Entwürfe spannender Unterhaltung finden nicht im luftleeren Raum statt, sondern setzen mehr oder weniger bewusst auf mythologisch »glaubwürdige« Narrative, Namen und Charaktere.

Indem eine solide Bildung und Medienpädagogik solche verborgenen Muster aufzeigt, zerstört sie auch nicht die Freude an starken Filmen. Sie schafft aber idealerweise ein Bewusstsein für die dunkle Faszination von Verschwörungserzählungen, in denen ein Auric Goldfinger oder ein Elliot Carver eben sehr viel »glaubwürdiger« wirken als ein fiktiver Kevin Schmidt oder Horst Müller. Dies nicht, weil der real existierende Arnö Goldfinger jemals eine Ex-Geliebte in Gold eingelegt hätte, Gingrich oder Al-Baghdadi jemals Juden oder Schmidts und Müllers stets harmloser gewesen wären, sondern weil sogenanntes »implizites Wissen« über Gewöhnung und Gefühle funktioniert. Marktforscher wissen längst, dass Laute selbst bei der Benennung einer Käsemarke massive, vorbewusste Assoziationen wecken. »Ein falscher Name kann das ganze Geschäft verderben.«[49] Erfolgreiche Geschichtenschmiede wissen das längst.

Zu Recht spricht Thomas Luckmann von der Existenz einer »unsichtbaren Religion«, die wir kulturell als »symbolische Universa im allgemeinen« aufnehmen, die uns kaum bewusst ist und die mit den »speziellen« Religionen und Weltanschauungen interagiert. Die junge Islamistin, der aufstrebende Thrillerautor oder der pensionierte Kommunist werden sich nicht einmal bewusst erinnern, aus welchen Quellen sich ihr vermeintliches »Wissen« über die Finanz-Weltverschwörung speist. Aber sie werden diese Assoziationen dennoch mit in ihre Moscheen, in ihre Texte und Parteien nehmen.[50]

Konkret wissen z. B. die wenigsten Deutschen, dass durch sie ein NS-Erlass weiterwirkt, wenn sie »S wie Siegfried« und »D wie Dora« buchstabieren. 1934 waren die davor geltenden jüdischen Namen »Samuel« und »David« ersetzt worden, ebenso »Nathan« (jetzt »Nordpol«), »Jakob« und »Zacharias«. Und nun »steckt es einfach drinnen« und lässt sich nicht mehr von heute auf morgen loswerden.[51]

Mythen gelten, weil sie galten

Auf das Verhalten oder auch nur die Existenz von Jüdinnen und Juden kommt es also gar nicht mehr an, im Gegenteil: Wie die jahrhundertelange Nichtexistenz der Illuminaten von Verschwörungsgläubigen als Beweis ihrer überweltlichen Fähigkeiten gedeutet wird, so können auch Jüdinnen und Juden als je bedrohlicher und mächtiger geglaubt werden, desto weniger sie überhaupt noch als echte Menschen in Erscheinung treten. Ebenso würde selbst eine komplette Zerstörung des Staates Israel den Antisemitismus nicht dämpfen, sondern paradoxerweise antisemitische Ängste vor der »Rache« der jüdischen Weltverschwörer weitertreiben.

Der semitische Monotheismus trug zum Aufbau lebensförderlicher Gemeinschaften bei, doch der antisemitische Dualismus bietet die leichteren und spannenderen Geschichten. Eine ewige kosmische Schlacht! Eine psychologisch leichte Möglichkeit, alles Böse aus sich selbst abzuspalten und auf ein Gegenüber zu projizieren!

Der Exodus-Mythos verlegt die erste antisemitische Eskalation in das Ägypten der Pharaonen. Die erste Zerstörung eines jüdischen Tempels außerhalb Israels lässt sich tatsächlich im ägyptischen Elephantine um 411 v. Chr. nachweisen.[52]

Auch im frühen Judentum bildeten sich dualistische Strömungen, belegt etwa in Schriftfunden aus Qumran und Nag Hammadi, die andere Jüdinnen und Juden als Diener des Satans und der Finsternis deuteten. Doch laut Rabbi Sacks haben die frühen Rabbiner nach der Zerstörung Jerusalems ein starkes Gegenmittel gegen die Vorstellung einer bösen Gegengottheit gefunden, indem sie verfügten, das gemeinschaftliche Morgengebet in allen Synagogen mit Jesaja 45,7 zu eröffnen: »Ich bin der Herr, und sonst keiner mehr, der ich das Licht mache und schaffe die Finsternis, der ich Frieden gebe und schaffe Unheil.«[53]

Damit setzte sich im rabbinischen Judentum die Auffassung durch, dass Gott allein regiere und alles, auch das Böse – auch Satan selbst –, geschaffen und zugelassen habe, damit es mit den Entscheidungen der Menschen korrespondiere: Wir selbst seien es, die als Gegenüber Gottes durch unser Denken und Tun sowohl Gutes wie Böses hervorrufen. Der »Dualismus« – als Lehre von zwei widerstreitenden »Reichen« des Guten und Bösen – sei damit aus »den jüdischen Hauptströmungen« verdrängt worden. Die Weisen lehrten stattdessen, dass wir selbst sowohl Gutes wie Böses in uns tragen.[54]

Ausdrücklich dualistisch trat dann schon im frühen Christentum Marcion auf, dessen Lehre dem vermeintlich bösen, rachsüchtigen Gott der Juden den vermeintlich verborgenen, guten Gott eines »gereinigten« Neuen Testaments gegenüberstellte. Nachdem er von seiner Gemeinde ausgeschlossen wurde, gründete er eine Gegenkirche, die lange bestand und weitere Religionen wie den dualistischen Manichäismus beeinflusste. Der Kirchenvater Tertullian attestierte Marcion, »seinen Gott, den er gefunden hat, verloren und sein Glaubenslicht ausgelöscht« zu haben. Obwohl von den Hauptkirchen verworfen, blieb der dualistisch-antisemitische Traditionsstrang auch innerhalb des Christentums bis in die heutige Zeit lebendig und trat in immer wieder neuen Formen auf.[55] So glaubten z. B. viele spanische Christinnen noch im 17. Jahrhundert, die Folter und Verbrennung von vermeintlichen Teilnehmerinnen des »Hexensabbat« wie auch von verschwörerischen »Kindern Sems« (getauften Christen mit jüdischen und muslimischen Vorfahren) diene dem Schutz des Landes, der Kirche und letztlich Gottes selbst.

Die antisemitische, dem NS-Regime verbundene »Kirchenbewegung Deutsche Christen« bejahte nicht nur die antisemitische und rassistische Verstoßung von Christen aufgrund deren »nichtarischer« Herkunft, sondern versuchte schließlich im 20. Jahrhundert sogar erneut eine marcionitische Abschaffung der hebräischen Bibel und eine »Arisierung des Neuen Testaments« durchzuführen. Jesus wurde nicht mehr als Jude, sondern als »Galiläer« präsentiert, wie auch das ganze Christentum »judenfrei« werden sollte.[56] Ebenso beschuldigten bereits frühe islamische Überlieferungen Juden der »Verfälschung« ihrer Schriften sowie anti-islamischer Verschwörungen. Zunehmend wurden Überlieferungen über die Vernichtung jüdischer Stämme durch Muhammad als Vorboten einer endzeitlichen Vernichtung aller Juden gedeutet.[57]

Mit der ab 1485 verzögerten Einführung des Buchdrucks arabischer Lettern, der folgenden Krise und Übernahme antisemitischer Verschwörungsmythen wie der »Protokolle der Weisen von Zion« aus dem Westen und schließlich der arabischen Niederlage gegen den Kleinstaat Israel wurde der Antisemitismus in der islamischen Welt mehrheitsfähig. Der Glaube an eine jüdisch-amerikanische Weltverschwörung befeuert dabei nicht nur weiterhin Gewalt und Terror, sondern zerstört auch Bildungschancen und politisiert die Religiosität unzähliger Musliminnen und Muslime auf einen völlig fiktiven Feind hin.[58]

So wird ein verschwörungsgläubiger Muslim davon ausgehen, den zunehmend schwach geglaubten Allah und die Lehren des Propheten gegen eine weltweite, bedrohlich übermächtige Verschwörung »verteidigen« zu müssen.[59] Damit aber kann er auch die traditionelle Vielfalt an Religionen und Völkern wie auch an islamischen Rechtsschulen, sufisch-mystischen Orden, mutigen Reformdenkern, später Wissenschaftlerinnen und Bildungs- und Demokratiebewegungen nicht mehr als Reichtum, sondern nur noch als Teil der vermeintlich jüdisch bestimmten Verschwörung wahrnehmen und bekämpfen. Der Antisemitismus vergiftet und politisiert den Islam dualistisch und wendet sich damit ganz ähnlich wie zuvor das Christentum unweigerlich gegen die eigenen semitischen Wurzeln.

Auch in den Hinduismus und Buddhismus drangen im 19. Jahrhundert antisemitische Mythen des »Ariertums« aus Europa ein; sie wurden dort schnell populär. Bis heute erfolgreiche Philosophen wie Voltaire und Schopenhauer feierten nicht nur indische (»arische«) Religionen als Alternative zum semitischen Gottesglauben; Schopenhauer rechtfertigte den Antisemitismus etwa mit dem Hinweis, Juden seien »große Meister im Lügen«.[60] Schnell wachsende indische Gemeinschaften wie die 1875 gegründete »Arya Samaj« (»Gemeinschaft der Arier«) griffen den Antisemitismus auf und wandten sich fortan vor allem gegen Muslime und britische Kolonialherren, um ihre »arische Rasse« vor der vermeintlichen semitischen Verschwörung und Vernichtung zu bewahren.[61] So erschließen sich auch Gandhis noch wenig bekannte antizionistische und rassistische Lehren, die bis heute große Bewunderung in erheblichen Teilen Asiens für Hitler und das zunehmend massive Vorgehen radikaler Hindus und Buddhisten vor allem gegen Muslime. Heute bewirkt der Antisemitismus Konflikte, Vertreibungen und Morde auch in Regionen, in denen es niemals jüdische Gemeinden gab.

Ganz entsprechend dazu fanden sich viele Anhänger des Nationalsozialismus einschließlich Eichmann in diesem gnostischen Sinne fasziniert von fernöstlichen Religionen und als »gottgläubig«, während gleichzeitig das semitische Erbe der Bibel abgelehnt wurde. Ihr »Gott« war gerade nicht mehr jener Gott Sems und Abrahams, sondern eine gnostische, ursprünglich »arische«, dann aber von vermeintlich semitischen Superverschwörern verhüllte Entität. In diesem Sinne gehörte im »Dritten Reich« zu den am »häufigsten zitierten Sentenzen aus ›Mein Kampf‹« die von Hitler selbst kursiv hervorgehobene: »Indem ich mich des Juden erwehre, kämpfe ich für das Werk des Herrn.«[62]

Nichtreligiöser Antisemitismus

Tatsächlich war für den Dualismus ein Bezug auf zu verteidigende gute Gottheiten gar nicht zwingend notwendig – mit dem Humanismus wurde es auch denkbar, dass alles Gute in den nicht-semitischen Menschen zu finden sei, diese aber von einer jüdisch bestimmten Weltverschwörung bedroht würden. Schon Ur-Religionskritiker wie der Deist Voltaire und der Atheist Ludwig Feuerbach griffen ausführlich auf antisemitische Verschwörungsvorwürfe zurück. So identifizierte Feuerbach in »Das Wesen des Christentums« den Eigennutz als »das oberste Prinzip des Judentums«. »Jehova, der sich um nichts als Israel kümmert«, sei »nichts als die personifizierte Selbstsucht des israelitischen Volks, mit Ausschluss aller anderen Völker, die absolute Intoleranz – das Geheimnis des Monotheismus«.[63] Das Christentum sei »die vom Nationalegoismus gereinigte jüdische Religion«. Und erst jenseits dieser »Schranke des Nationalbewußtseins« bekämen »wir statt des Israeliten – den Menschen«. Ja, während »der Israelite in Jehova« eigentlich nur »sein Nationalwesen vergegenständlichte«, so vergegenständlichte sich erst »der Christ in Gott«.[64]

In einer im englischen Sprachraum berühmt gewordenen BBC-Debatte von 2012 konfrontierte Rabbi Sacks den »neuen Atheisten« Richard Dawkins mit dem Beginn des zweiten Kapitels von »Der Gotteswahn« (2006):

> »Der Gott des Alten Testaments ist […] die unangenehmste Gestalt in der gesamten Literatur: Er ist eifersüchtig und auch noch stolz darauf; ein kleinlicher, ungerechter, nachtragender Überwachungsfanatiker; ein rachsüchtiger, blutrünstiger ethnischer Säuberer; ein frauenfeindlicher, homophober, rassistischer, Kinder und Völker mordender, ekliger, größenwahnsinniger, sadomasochistischer, launisch-boshafter Tyrann.«[65]

Sacks machte Dawkins darauf aufmerksam, dass er mit diesem Satz »antisemitische Stereotype« bediene und sich zudem als »christlicher Atheist« zu erkennen gebe – denn Juden verwendeten die »Hebräische Bibel«, nur Christen sprächen vom »Alten Testament«. Dawkins verteidigte sich, er habe diese Sprachbilder doch nur als »Witz« angeführt.[66]

Doch tatsächlich führte Dawkins die Attacke über mehrere Seiten fort und zitierte beispielsweise zustimmend einen Sohn Churchills nach dessen Bibellektüre mit der Aussage: »Mein Gott, das ist ein beschissener Gott!« Er benannte »Jahwe« im gleichen Kapitel als die »abstoßendste Verkörperung« der »Gotteshypothese« und als »psychotischen Übeltäter des Alten Testaments«.

Ebenso zustimmend zitierte Dawkins George Vidal: »Das große unsagbare Übel im Mittelpunkt unserer Kultur ist der Monotheismus. Aus einem barbarischen bronzezeitlichen Text, der unter dem Namen Altes Testament bekannt ist, haben sich drei menschenfeindliche Religionen entwickelt: das Judentum, das Christentum und der Islam.« Dawkins stimmte Vidal in eigenen Worten zu, indem er »das Judentum« als »Stammeskult um einen einzigen, äußerst unangenehmen Gott« identifizierte, wogegen Paulus »das Christentum als eine weniger gnadenlose, monotheistische Sekte« begründet habe. »Buddhismus und Konfuzianismus« nahm er dagegen von seiner Religionskritik sogar generell aus, da diese »gar nicht als Religionen« anzusehen seien, »sondern als ethische Systeme oder Lebensphilosophien« gelten dürften.[67] Kein Zweifel: Auch der europäische Antitheismus wendet sich nicht etwa gegen den Ägypter Echnaton oder gegen den jahrtausendealten Zoroastrismus, sondern identifiziert das Judentum als Wurzel des religiösen Übels.

Sacks hielt Dawkins zwar vor, antisemitische Stereotype zu verbreiten – aber nicht, ein Antisemit zu sein. Denn Sacks unterschied zwischen einem theologischen und philosophischen Dualismus (wie ihn auch Dawkins vertritt) und einem »pathologischen Dualismus«, der sich dann auch gegen heutige Menschengruppen richte. Die Verhöhnung des biblischen Gottes stünde demnach zwar in antisemitischen Traditionen, wäre aber noch zu unterscheiden vom »Entmenschlichen und Dämonisieren« von »Feinden«, von der Selbstwahrnehmung als »Opfer« einer Weltverschwörung und schließlich von der Bereitschaft, »altruistisches Böses« zu tun, also Verbrechen aufgrund vermeintlicher Notwehr.[68]

Andere haben diesen Schritt digital längst vollzogen. So präsentierte sich der deutsch-islamische Rapper Felix Blume alias »Kollegah« in seinem millionenfach gestreamten Rap-Clip »Apokalypse« als Aufdecker und Bezwinger einer jahrtausendealten zionistisch-illuminatischen Weltverschwörung. Dazu arbeitet sich der Rap-Kollegah in reich bebildertem Sprechgesang die Verschwörungspyramide bis zu einem Londoner Banker mit Davidstern-Ring hoch, der sich dann als übermenschlicher Dämon erweist. Nach dessen Niederwerfung und einer von Kollegah angeführten Endschlacht um Jerusalem folgt eine erst dann glückliche Welt ohne Juden und abschließend eine vom Meister höchstselbst zelebrierte Bücherverbrennung.[69] Noch in jeder deutschen Schule, in der ich über Antisemitismus vortrug und diskutierte, fanden sich erklärte, keinesfalls nur muslimische Fans und Verteidiger des Musikers, der zwar »vielleicht ein bisschen übertrieben« habe, aber doch »als Kunstfigur auch mal provozieren« dürfe.

Für das ältere, religionskritische Bürgertum bietet sich dagegen die bayerische Kabarettistin Lisa Fitz an, deren Song »Ich sehe was, was du nicht siehst« innerhalb eines Jahres allein auf YouTube die Millionengrenze knackte. Über 26.000 »Daumen hoch« bei gerade einmal 1000 Ablehnungen unterstreichen dabei auch, wohin die digitale Reise geht.[70]

Auch im 21. Jahrhundert wachsen antisemitische Verschwörungspyramiden in religiöse wie auch (im Eigenverständnis) nichtreligiöse Weltanschauungen hinein; digital wohl schneller, direkter und emotionaler denn je. Sieben Jahrzehnte nach dem Untergang des NS-Regimes werden antisemitische Mythen auch wieder in jenen bayerischen Regionen gesungen und gefeiert, in denen die Machtergreifung der Nationalsozialisten ihren Ausgang nahm. Und zwar nicht etwa nur von Migranten, Muslimen, Rechts- oder Linksextremen, sondern auch wieder von Bürgerinnen und Bürgern »aus der Mitte der Gesellschaft«.

Wir können uns die Wirkmacht antisemitischer Mythen dabei auch als jahrtausendealten dunklen Strom vorstellen, der sich einen Canyon gegraben hat. Wo immer neue Verschwörungsmythen aufquellen, werden sie nahezu unweigerlich abwärts strömen und sich schließlich mit dem antisemitischen Grundstrom vereinigen. Die Impfkritikerin mag einfach mit einem Unbehagen gegenüber der Schulmedizin eingestiegen sein, stößt jedoch schließlich auf Erzählungen über eine weltweite, von Juden gesteuerte Konzernverschwörung. Der Kapitalismuskritiker wollte zunächst nur darüber nachdenken, den Zins abzuschaffen, trifft dann aber auf Erzählungen über die Rothschilds und jüdische Superverschwörer, die angeblich auch die US-Notenbank kontrollierten. Die antinegride (Menschen schwarzer Hautfarbe ablehnende) Rassistin hatte mit den hellhäutigen Opfern des Holocaust eigentlich immer Mitleid. Doch je tiefer sie sich in die Verschwörungsmythen grub, desto öfter traf sie auf den angeblich jüdischen Plan einer antideutschen Umvolkung. Nun fragt sie sich, ob sich »die Juden« vielleicht an Deutschland »rächen« wollten und ob umgekehrt nicht bereits die Nazis in Notwehr gehandelt hätten. Der selbst autoritär erzogene Vater, der sich Sorgen um eine mögliche Homosexualität seines Sohnes macht, hört von vermeintlich Schuldigen. Bald ist er sich mit der Rassistin einig, dass hier eine riesige Verschwörung am Werk sei, um die europäischen Geburtenraten gezielt abzusenken. Die Impfkritikerin hat dazu erschreckende Berichte über die Phar-

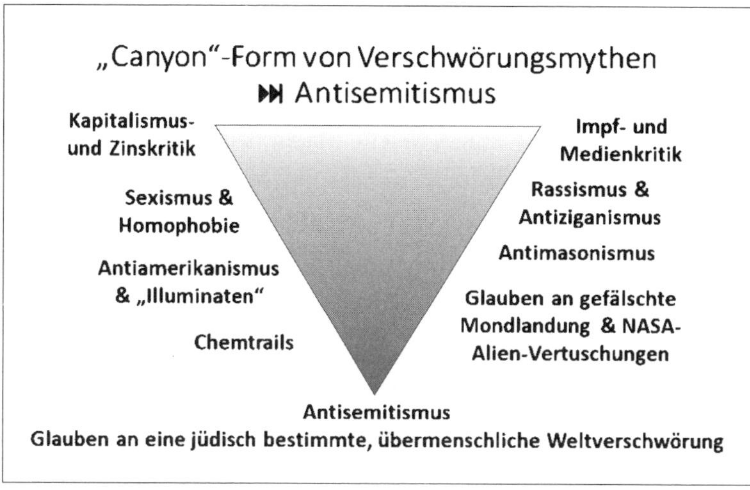

Da Mythen durch Verbreitung Glaubwürdigkeit erhalten, entstand über die Jahrtausende ein »Verschwörungscanyon«, dessen Grundstrom der Antisemitismus bildet und der auch andere Verschwörungsmythen an sich zieht. Entsprechend stoßen Verschwörungsgläubige »am Boden« immer wieder auf auch jüdische Verschwörer, die daher in den Verschwörungspyramiden stabil an der Spitze verortet werden. So ist es sehr schwer, einen geschlossenen Verschwörungsglauben zu konstruieren und zu erhalten, der nicht zugleich antisemitisch würde. (Abbildung: Blume)

malobby beizusteuern und der Zinskritiker hat gelesen, wer das gesamte Wirtschaftssystem kontrolliert. Und in den »Qualitätsmedien« finden sie das, was sie einander bestätigen, nicht wieder. Also doch: Lügenpresse![71]

Auch anfangs völlig legitime Rückfragen etwa an die Medizin, an die Medien, neue Technologien oder das marktwirtschaftliche Wirtschaftssystem können so zu einem langsamen Abgleiten in den Canyon der Verschwörungsmythen führen, an dessen Grund der Antisemitismus flutet und gräbt.

Stark dokumentiert ist das rutschige Gefälle des Verschwörungscanyons beispielsweise bei den erst ab 1996 aufgekommenen Verschwörungsmythen um vermeintlich giftige Flugzeugabsonderungen, die sogenannten Con- und Chemtrails. Obwohl dieser Verschwörungsmythos ursprünglich überhaupt nichts mit Religionen zu tun hatte, diskutierte die schnell global wachsende Chemtrailer-Szene bald die Frage, welche Macht denn wohl in der Lage wäre, eine solch monströse Riesenverschwörung über alle Staaten, Ermittlungsbehörden und Wissenschaften hinweg zu vertuschen? Sie landeten natürlich nicht bei den Brasilianern oder Chinesen, sondern bei den buchstäblich »üblichen Verdächtigen«, bei Juden und Illuminaten.[72] Engagierte Chemtrail-Aufklärer wie der im deutschen Sprachraum aktive Jörg Lorenz werden dann schnell als »von der ›Elite‹ bezahlter ›Desinformant‹« abgetan.[73]

Ganz ebenso lassen sich ungewollte Mythenfragmente auch einfach als Teil der Superverschwörung abweisen. »Schon mal auf die Idee gekommen, dass dieser Reptiloidenschwachsinn von Leuten ausgedacht wurde, die auf diese Weise Anhänger von ernstzunehmenden VTn [Verschwörungstheorien] ins Lächerliche ziehen wollen?«, schimpfte ein Verschwörungsgläubiger auf meinem Blog, um sodann sogleich zur Anklage zu schreiten. »Sie bedienen dieses Prinzip jedenfalls vortrefflich.«[74] Auch an gefühlten Widersprüchen in Verschwörungserzählungen sind am Ende des Tages immer die Verschwörer schuld. Während der wissenschaftliche Erkenntnisfortschritt gerade im Hinterfragen und Überbieten bestehender Theorien besteht, ist unter Verschwörungsgläubigen unmittelbar verdächtig, wer die eigenen Mythen in Fragen stellt. Der psychologische Bestätigungsfehler des »Confirmation Bias« führt – so formulieren es Alt und Schiffer – »zu spektakulären Denkverrenkungen, sorgt er doch dafür, dass wir nur noch die Informationen an uns heranlassen, die unser Weltbild ohnehin bestätigen.«[75]

1.4 Antisemitismus und der kurze Weg zum Antiamerikanismus

In antisemitischen Verschwörungsmythen nehmen Freimaurer und Illuminaten als vermeintliche Mitverschwörer von Jüdinnen und Juden eine prominente Rolle ein. Auch Hitler tobte gegen die der angeblichen Weltverschwörung »vollständig verfallene Freimaurerei«[76] und stellte sie in ihrer Bedeutung neben die Medien: »Was die Freimaurerei in den Kreisen der sogenannten Intelligenz an allgemein pazifistischer Lähmung des nationalen Selbsterhaltungstriebs einleitet, wird durch die Tätigkeit der großen, heute immer jüdischen Presse der breiteren Masse, vor allem aber dem Bürgertum vermittelt.«[77]

Eichmann begann seine NS-Karriere mit dem Aufbau einer Freimaurersammlung, und antimasonische Verschwörungsmythen spielen auch im islamisch geprägten Antisemitismus eine prominente Rolle. Die Verknüpfung von antisemitischen, antimasonischen und antiamerikanischen Mythen etwa in der Hervorhebung der Pyramide auf der US-Dollarnote gehört zu den digital geläufigsten Symbolen der angeblichen »zionistischen Weltverschwörung«.

Auch das ist historisch nicht neu: Die von einer Gründung 1905 in Chicago ausgehenden Rotary Clubs mussten sich 1937 unter dem Druck der NS-Regierung auflösen, obwohl einige durch den Ausschluss jüdischer Mitglieder sowie von Oppositionellen wie Thomas Mann eine Anpassung an das Regime versucht hatten.[78]

Der historische und mythologische Zusammenhang ist für das Verständnis des modernen Semitismus wie auch Antisemitismus zentral.

Kirchbauhütten bildeten im europäischen Mittelalter eine »der« überregionalen Institutionen zur Verbindung und Tradierung von Wissen. Einerseits standen sie klar im Dienst der semitisch-mythologischen Zukunftshoffnung. Tatsächlich gab und gibt es wenige Tätigkeiten, die sich so deutlich dazu verstehen lassen wie der Bau an einem nach Osten oder gar direkt nach Jerusalem ausgerichteten Gotteshaus, dessen Fertigstellung Generationen, wenn nicht gar Jahrhunderte dauern konnte. Doch mit dem Wissen um Mythen, Symbole und Heilige war es nicht getan – in den Hütten musste zwischen Meistern, Lehrlingen und Gesellen zusätzlich theoretisch haltbares Geschäftswissen etwa zu Geräten, Material und Statik weitergegeben werden. Die Mitarbeiterschaften großer Projekte und Hütten – etwa in Straßburg – integrierten auf Basis gestaffelter Zugänge früh Mitwirkende verschiedener Herkunft und Sprachen. Die Unterscheidung von »Roughstonemasons« – Rohsteinmetzen – einerseits und den intern weitergebildeten »Freemasons« – Freimaurern – ist urkundlich erstmals für 1386 an den Bauhütten der Kathedrale von Exeter belegt.[79]

Selbstverständlich spielten Mythen aus der hebräischen Bibel – vor allem um den salomonischen Tempel, aber auch um die Arche Noah – im inneren Verständnis der Hütten eine große Rolle. Doch die Ausbreitung der Druckerpresse – und damit die Möglichkeit, in Büchern und Schulen das Handwerk »direkt« zu lernen – begann, ihre Funktion als spezialisierte Ausbildungsstätten auszuhöhlen.

Noch in den Klagen des französischen Bildhauers Auguste Rodin am Übergang ins 20. Jahrhundert wird auch die typische Verlusterfahrung dabei deutlich. »Ein einfacher Geselle von einst vermochte in sich selbst und in der Natur jene Wahrheit zu finden, die ihr in den Bibliotheken sucht«, so Rodin. »Ich träumte oft, ich sähe sie, folgte ihnen von Stadt zu Stadt, jenen Pilgern des Bauwerks, die es schmerzlich zu erschaffen drängt.«[80]

Doch einige Hütten in Großbritannien – mit seiner frühen parlamentarischen und rechtsstaatlichen Tradition – gingen nicht etwa unter, sondern begannen spätestens ab dem 17. Jahrhundert,

»accepted masons« aufzunehmen. Aus den Hütten wurden Logen als Verbindungs-, Ritual- und Netzwerkort für das entstehende Bürgertum. Um 1717 verbanden sich in London vier solcher Logen zur ersten »Großloge« und ab 1723 ließ Pfarrer James Anderson die »Constitutions« der Logen auch drucken. Bemerkenswert dabei ist, dass sich die Freimaurer in Ausgaben der »Constitutions« als »Noachiden« und »Söhne Noahs« bezeichneten (Frauen durften nur in seltenen Ausnahmen Mitglieder werden).[81]

Die Idee dieser Freimaurerlogen fiel im entstehenden Bürgertum quer durch Europa und Amerika auf fruchtbaren Boden und verband je nach Region und Loge Adlige und Bürger, Christen verschiedener Länder und Konfessionen sowie vereinzelt auch Agnostiker, Atheisten und Juden. Auch mit anderen christlichen und esoterischen Bünden wie den Rosenkreuzern gab es personelle Verflechtungen und entsprechend inhaltlichen Austausch. Papst Clemens XII. erließ auch wegen dieser frühen ökumenischen Offenheit bereits 1738 eine Verbotsbulle gegen die der Häresie verdächtigten Freimaurerei, konnte sich aber nicht einmal unter der eigenen Geistlichkeit damit durchsetzen.

Auch berufsspezifische Logen etwa im Militär und in der Diplomatie spielten insbesondere in den USA eine bedeutende Rolle, wo Einwanderer verschiedenster Herkunft und Konfession Netzwerke und gemeinsame Identitäten aufbauen mussten. Hinzu kam, dass sehr viele Auswanderer die alten Staats- und Amtskirchen Europas hinter sich gelassen hatten und sich neue Kirchengemeinden erst herausbildeten.[82]

Dass Freimaurerlogen in der Rebellion der US-Amerikaner gegen die britische Krone eine bedeutende Rolle spielten und auch der erste Präsident, Washington, aktiver Logenbruder war, ist soziologisch also nicht überraschend. Und als die neu ausgerufene Republik sich eigene, zivilreligiöse Symbole, Siegel und Geldzeichen geben musste, lagen Maurersymbole und lateinische Sprüche auch deswegen nahe, weil damit keine bestimmte Konfession begünstigt wurde.[83]

Die Erfolge erst der amerikanischen, dann der französischen Revolution lösten zugleich unter den politischen und kirchlichen Eliten Europas Panik aus. Mit einigem Recht wurde beobachtet, dass Freimaurerlogen und verwandte Geheimbünde geradezu Brutstätten solcher republikanischen und demokratischen »Verschwörungen« waren. Dass vereinzelt auch Juden als Mitglieder akzeptiert wurden, erleichterte die Übertragung antisemitischer Verschwörungsmythen.

1.5 Nicht Theorien, sondern Mythen

Verschwörungsmythen sind genau das: Mythen. Ihre Glaubwürdigkeit stammt nicht aus wissenschaftlichen Verfahren, sondern aus ihrer Verbreitung und gefühlten Plausibilität. Wer noch immer von »antisemitischen Verschwörungstheorien« spricht oder schreibt, rahmt das Thema von vornherein falsch, verharmlosend und sogar fördernd in den Bereich der Wissenschaft ein.[84] Zwar übten der Zweite Antisemitismusbericht des Bundestages[85] und auch neuere gute Bücher zum Thema bereits Kritik am ebenso falschen wie gängigen Begriff der »Verschwörungstheorie«, wagten diesen jedoch leider noch nicht zu verwerfen.[86]

Theorien sind wissenschaftlich überprüfbare Erklärungen, die Aufmerksamkeit verdienen – denken wir an die Evolutionstheorie oder die physikalischen Relativitätstheorien. Der Begriff der »Verschwörungstheorie« stammt aus der frühen Kriminologie (der Forschung zu Verbrechen) und bezeichnete ursprünglich die zu überprüfende Möglichkeit eines gemeinschaftlich geplanten Mordes neben anderen theoretischen Möglichkeiten etwa eines Unfalls oder einer Erkrankung.[87]

Verschwörungsgläubige vertreten aber keine überprüfbaren – und damit auch widerlegbaren – Theorien, sondern Verschwörungsmythen, die »den Feind« von vornherein zu kennen meinen und ihn hinter aller Art von negativen Ereignissen vermuten. Wenn nachgewiesen ist, dass keine Hexen, sondern Ameisen die Ernte vernichtet haben – dann haben eben die Hexen die Ameisen geschickt. Wenn nachgewiesen ist, dass die örtlichen Freimaurer aus vor allem älteren, harmlosen und humanistisch engagierten Bürgern bestehen – dann halten sich eben »verborgene Hochgrade« oder nichtexistente »Illuminaten« eine harmlose Basis, aus der sie die echten Verschwörer auswählen. Wenn nachgewiesen ist, dass im beschuldigten Parteivorstand gar keine Jüdinnen und Juden mitwirken – dann wird eben Angela Merkel zur Jüdin umdefiniert.

Ganz entsprechend höhnte auch Hitler in »Mein Kampf«, dass die »von den Juden so unendlich gehaßten ›Protokolle der Weisen von Zion‹ [...] auf einer Fälschung beruhen, stöhnt und schreit die ›Frankfurter Zeitung‹ jede Woche einmal in die Welt hinaus; der beste Beweis dafür, daß sie also echt sind.«[88]

Verschwörungsmythen werden gern als vermeintlich überprüfbare Theorien präsentiert, sind aber genau das nicht: Sie sind gegen Einwände und Widerlegungen immunisiert, denn in jeder Hinterfragung zeigt sich der übermenschlich begabte Feind.

Wer Verschwörungsmythen also unter dem Begriff der Verschwörungstheorie zu diskutieren versucht, ist dem Verschwörungsglauben bereits ins falsche Sprachfeld gefolgt. So folgt auf den Vorwurf der »Verschwörungstheorie« regelmäßig der berechtigte Einwand, Demokraten wollten also wohl generell die Existenz von Verschwörungen – wie z. B. Preis- oder Drogenkartelle, illegale Geheimdienstaktionen, Korruptionsskandale usw. – leugnen. Erst wenn wir gedanklich und sprachlich klar zwischen durch Ermittlungsbehörden, Medien und parlamentarische Untersuchungsausschüsse überprüfbaren *Theorien* einerseits und nicht mehr widerlegbaren, dualistischen *Mythen* andererseits unterscheiden, kann die Widersprüchlichkeit und auch die Gefahr von Verschwörungsglauben aufgezeigt werden.

Dann erst wird unterscheidbar, dass lebensförderliche Weltreligionen und Weltanschauungen mythologische Glaubenssysteme an die Weltherrschaft eines absolut Guten (meist »Gott«, aber auch »Liebe«, »Vernunft« etc.) anbieten; der Verschwörungsglaube verkündet dagegen Mythen über die Weltherrschaft des angeblich absolut Bösen.

Antisemitismus funktioniert also tatsächlich – wie es der Wiener Judaist Armin Lange am 9. November 2017 zu Recht formulierte – wie eine das Böse verabsolutierende »Weltreligion«,[89] deren faszinierend-dunkle, dualistische Mythen in Herzen wie auch Lehren einsickern und diese von innen her vergiften und umformen. Die Antisemitin spiegelt sich in einer Wahrnehmung der Welt, nach der angeblich alles Geschehen von einer bösen, hasserfüllten und gnadenlosen Superverschwörung bestimmt wird. Entsprechend dieser objektiv falschen Weltsicht beginnen ganz reale Emotionen der Angst und Bitterkeit die Psyche zu verformen. »Antisemitismus ist eine Krankheit, die alle zerstört, die sie beherbergen. Hass verletzt den Gehassten, aber sie zerstört den Hassenden. Es gibt keine Ausnahme« (Rabbi Sacks).[90]

Warum aber fällt diese religionswissenschaftlich-aufklärende Perspektive auf den Antisemitismus noch immer vielen Menschen so schwer?

Von Johannes Kretschmann stammt die kluge Beobachtung, dass sich in den Debatten und Forschungen zum Antisemitismus feine Sprachregeln herausgebildet haben: So spricht man von den »angeblichen wissenschaftlichen Erkenntnissen« und der »pseudoreligiösen Heilslehre« der Antisemiten, aber nicht von ihrer »Pseudopolitik« oder »Pseudoökonomie«.[91] Denn auch in den Wissenschaften gehen wir meist eher gefühlt als bewusst davon aus, dass es nun mal lebensförderliche und auch menschenverachtende Politik gebe, ebenso wie moralische und unmoralische Formen des Wirtschaftens. Aber »Religion«, »Wissenschaft« und »Bildung« halten gerade auch Gebildete noch gern für Bereiche des Guten an sich, die vielleicht »missbraucht«, aber nicht wirklich verdorben werden könnten. Es fällt vielen von uns noch immer schwer, den Untiefen und Verirrungen auch unserer eigenen Religionen und Weltanschauungen ins Auge zu sehen, wie auch Rabbi Sacks bemerkte: »Wenn wir ehrlich sind, ob religiös oder säkular, müssen wir fragen, warum die Ideale, an die wir glauben, unter bestimmten Voraussetzungen schaden.«[92]

Zu Recht hatte Elie Wiesel den Mut zur »Erforschung der dunklen Seite unseres Herzens« gefordert. Diese Formulierung verweist wiederum auf die Klage des biblischen Jeremiah zurück, es sei »das Herz ein trotzig und verzagt Ding; wer kann es ergründen?« (Jer 17,9).[93]

Jeremiah und Wiesel rufen nicht nur zum Ergründen der dunklen Herzen von Antisemiten auf, sondern zu dem aller. Sie stellen uns nicht weniger als die Frage, ob wir auch selbst verschwörungsgläubig, antisemitisch und gewaltbereit werden könnten. Genau dafür hatte George Orwell bereits 1945 plädiert: »Was beinahe alles ungültig macht, was über den Antisemitismus geschrieben wird, ist die Annahme im Geiste des Schriftstellers, dass er *selbst* immun dagegen sei. ›Da ich weiß, dass der Antisemitismus irrational ist‹, schließt er, ›ergibt sich daraus, dass ich ihn nicht teile‹.«[94]

Zukünftige Antisemitismusforschende müssten jedoch laut Orwell von der bequemen Frage »Warum spricht dieser offensichtlich irrationale Glaube andere Leute an?« zur schwereren Frage »Warum spricht der Antisemitismus mich an?« vorstoßen. Erst dann »entdeckt man zumindest seine eigenen Rationalisierungen, und es kann dann möglich sein herauszufinden, was unter ihnen liegt. Der Antisemitismus sollte erforscht werden – und ich meine damit nicht von Antisemiten, sondern auf jeden Fall von Leuten, die wissen, daß sie nicht immun gegen ein solches Gefühl sind.«[95]

1.6 Semiten sind keine »Rasse«

Antisemiten behaupten nicht nur von sich selbst, überprüfbare Wahrheiten zu vertreten, sondern leugnen auch, dass der Semitismus ein Mythensystem ist. »Der Jude war immer ein Volk mit bestimmten rassischen Eigenschaften und niemals Religion«, behauptete Hitler.[96] Daher ändere auch ein Glaubenswechsel gar nichts, auch nicht über Generationen hinweg – für den Antisemiten bleiben auch die Nachfahren von Jüdinnen und Juden immer Verschwörer. Hitler: »Endlich braucht er sich ja nur taufen zu lassen, um in den Besitz aller Möglichkeiten und Rechte der Landeskinder selber kommen zu können. Er besorgt dieses ›Geschäft‹ denn auch nicht selten zur Freude der Kirchen über den gewonnenen ›Sohn‹ und Israels über den gewonnenen Schwindel.«[97]

Biologische Belege konnte Hitler für seinen Rassismus nicht beibringen. Er versuchte, »Menschenrassen« im Sinne eines Vergleichs mit Tierarten zu definieren, und wird dabei bis heute von Rassisten und Antisemiten zitiert: »Jedes Tier paart sich wieder nur mit einem Genossen der gleichen Art. Meise geht zu Meise, Fink zu Fink, der Storch zur Störchin, Feldmaus zu Feldmaus, Hausmaus zu Hausmaus, Wolf zu Wolf usw.«[98] Der Botaniker Hugo Iltis kommentierte diese Aussage noch 1936 in seiner Schrift »Der Mythus von Blut und Rasse« zutreffend: »Die ganze Verlogenheit und Unwissenheit des Rassismus spricht aus diesen Sätzen, die auf den dümmsten Kerl als Leser spekulieren. Jeder Denkende merkt doch sofort, daß es sich hier um verschiedene Tiergattungen handelt, die niemals miteinander bastardisieren können, beim Menschen dagegen um Formen innerhalb derselben Art.«[99]

Doch stattdessen behauptete Hitler für Menschen eine »scharfe Abgrenzung der einzelnen Rassen nach außen« – und nutzte das Judentum, um das Beispiel einer solchen, vermeintlich scharf abgegrenzten »Rasse« zu konstruieren, die gar keine Religion im eigentlichen Sinne sei.[100] Dabei argumentierte er mit Mythologie, und auch das noch falsch. So behauptete er, »der Jude« könne »eine religiöse Einrichtung schon deshalb nicht besitzen, da ihm ja der Idealismus in jeder Form fehlt und damit auch der Glaube an ein Jenseits vollkommen fremd ist«. So sei »auch der Talmud kein Buch zur Vorbereitung für das Jenseits, als vielmehr nur für ein praktisches und erträgliches Leben im Diesseits.«[101]

Inhaltlich bezogen sich Antisemiten wie Hitler dabei auf den Streit Jesu mit der jüdischen Fraktion der Sadduzäer, die laut Markus 12,18–27, Matthäus 22,23–33 und Lukas 20,27–40 die Lehre von der Auferstehung der Toten bestritten. Doch genau dieser Streit unterstreicht ja die innerjüdische Debatte: Jesus selbst vertrat als jüdischer Rabbiner die Lehre von der leiblichen Auferstehung ebenso wie die jüdischen Pharisäer an seiner Seite.[102] Im rabbinischen Judentum setzte sich die Lehre eines Weltgerichts und Jenseits dann ebenso durch wie im Christentum, im Islam und bei den Bahai.

Mehr noch, gerade auch im Bibelkommentar des Talmud wurde betont, dass nicht nur Jüdinnen und Juden einen »Anteil an der kommenden Welt« jenseits des Todes erhalten könnten, sondern ebenso Nichtjuden, die als Kinder Noahs Gott treu blieben.[103] Die stärkere Betonung von Fragen der religiösen Lebenspraxis – der »Orthopraxie« – statt von Jenseitsspekulationen im Talmud ergab sich gerade auch daraus, dass die Lehre eines Lebens nach dem Tod als weithin geklärt galt.[104]

Als zweites Argument führte Hitler an, »der Jude« übe »selber strengste Abschließung seiner Rasse. Wohl hängt er seine Frauen manchmal einflußreichen Christen an die Rockschöße, allein er erhält seinen männlichen Stamm grundsätzlich immer rein. Er vergiftet das Blut der anderen, wahrt aber sein eigenes. Der Jude heiratet keine Christin, sondern immer der Christ die Jüdin.«[105]

Dass Hitler diese Falschbehauptung von Houston Stewart Chamberlain und Alfred Rosenberg übernommen hatte, machte sie nicht richtiger. Ludwig Kaempfer konnte bereits 1925 aufzeigen, dass seit 1901 allein im Deutschen Reich 30.121 jüdisch-christliche Ehen geschlossen worden waren; davon sogar eine Mehrheit von 17.823 (59,2 Prozent) zwischen jüdischen Ehemännern und christlichen Ehefrauen. Als ein berühmtes Ehepaar jener Zeit dürfen der jüdische Romanist Victor Klemperer und seine Frau Eva, eine evangelische Musikerin, gelten.[106]

Darüber hinaus war – ganz und gar »unrassistisch« – nach jüdischer Lehre immer auch die Aufnahme konversionswilliger Frauen und Männer ins Judentum möglich, soweit dies nicht durch nichtjüdische Gesetze verboten worden war. Es gab und gibt Jüdinnen und Juden aller Hautfarben, und auch die Bibel beschreibt Nichtjüdinnen wie Tamar, Moses Ehefrau Zippora (Tochter eines nichtjüdischen Priesters) und Ruth, die Urgroßmutter von König David, als bedeutende Ahninnen des Judentums. Die sachlich falsche Behauptung der Antisemiten Chamberlain, Rosenberg und Hitler hatte ihren Halt lediglich in der seit dem 2. Jahrhundert von Rabbinern vertretenen und langsam durchgesetzten Lehre, dass nur die Kinder jüdischer Mütter wiederum Juden seien. Allerdings galt – und gilt – auch hierbei kein »Rasseprinzip«: Wenn Nichtjüdinnen zum Judentum übertraten, galten ihre Kinder selbstverständlich als jüdisch. Denn auch hierbei ging es ausdrücklich nicht um Genetik, sondern ganz im Gegenteil um Kultur: Die Rabbiner hatten beobachtet, dass die Weitergabe von Sprache (»Muttersprache«) und von religiösen Bräuchen vor allem über die Mütter erfolgte.[107]

So wird immerhin deutlich: Auch bei Adolf Hitler hatte Rassismus keinen seriösen Halt in den Wissenschaften, sondern entstammte einer Mischung aus verdrehten Lesarten des Judentums und offensichtlich antisemitischen Lügen. Tatsächlich geht der aus dem arabischen Wort *raz (= Herkunft)* entlehnte Begriff der »Rasse« gerade nicht erst auf die wissenschaftliche Biologie zurück, sondern auf europäische antisemitische Theologen des 15. und 16. Jahrhunderts. Diese bestritten gegen christliche Urlehren die volle Gültigkeit und Wirksamkeit der Taufe bei den Nachfahren von Juden und Muslimen als »Kindern Sems«. Biologisch verbrämter Rassismus und Antisemitismus waren nie in seriösen wissenschaftlichen Theorien, sondern immer in dualistischen Mythen begründet.

Dennoch kann man heute auch noch von wohlmeinenden Leuten hören, Araber seien doch auch von Geburt an »Semiten« und könnten also ebenso wenig wie Jüdinnen und Juden selbst »Antisemiten« sein. Dabei sind weder semitische noch antisemitische Mythologien eine Frage der Geburt, sondern ausschließlich der Mythologien und der daraus folgenden Welt- und Selbstwahrnehmung. Niemand wird als Semit oder Antisemit geboren – erst die Annahme von Mythen prägt die jeweilige Orientierung aus. Ein biografisch dramatisches Beispiel dafür bietet der Fall des ungarischen Politikers Csanad Szegedi.

Szegedi hatte sich mit Hetzreden gegen Juden und Roma in der rechtsextremen Partei Jobbik profiliert und war Mitbegründer der paramilitärischen »Ungarischen Garde« sowie eines rechtsextremen Medienunternehmens geworden. In seiner Autobiografie hatte er sich als Nachfahre »ethnisch reiner Ungarn« präsentiert. 2009 zog er ins Europäische Parlament ein.

2010 wurde er damit konfrontiert, dass seine Großmutter eine jüdische Überlebende des KZ Auschwitz gewesen war, die fortan über ihre Religionszugehörigkeit strikt geschwiegen und sich assimiliert hatte. Ihrer Tochter – Szegedis Mutter – hatte sie empfohlen, es ebenso zu halten und einen Nichtjuden zu heiraten. Der

Rechtsextremist war im religiös-halachischen Sinne also selbst Jude.

Nachdem Szegedis Versuch, das Bekanntwerden seiner jüdischen Herkunft zu verhindern, gescheitert war, sah er sich antisemitischen Verschwörungsvorwürfen seiner bisherigen »Kameraden« ausgesetzt. 2012 trat er aus der Partei aus. Zusammen mit seiner Familie schloss sich Szegedi einer jüdisch-orthodoxen Chabad-Gemeinde an, deren Rabbiner seine Reue anerkannte. In einer Rede im Europäischen Parlament als nun parteiloser Abgeordneter (bis 2014) pries Szegedi den Staat Israel, gegen den Jobbik immer gewettert hatte. Nichts an seiner Genetik, sondern allein das kulturell vermittelte Wissen über seine Herkunft und das Eintreten in eine jüdisch-religiöse Mythologie hatten den Unterschied gemacht.[108]

Tatsächlich ist die immer noch verbreitete, pseudo-biologische Lesart des Semitismus also nicht einfach nur faktisch falsch und dem Rassismus verhaftet, sie lädt wiederum zum Antisemitismus ein. Dagegen ist wissenschaftlich eindeutig festzuhalten: Ob es die Personen Noah und dessen Sohn Sem jemals konkret gegeben hat, lässt sich historisch nicht mehr klären. Definitiv ausschließen lässt sich aber, dass es vor wenigen tausend Jahren eine weltumschlingende Sintflut gegeben habe und dass alle heute lebenden Menschen auf eine einzige Familie zurückgehen, die diese überlebt haben soll.[109] Die Noahgeschichte präsentiert keine Naturwissenschaft, sondern eine religiös überaus bedeutende, in allen semitischen Religionen unterschiedlich ausgeprägte Mythologie. Und auch der Noahsohn Sem ist kein biologischer, sondern ein mythologischer Vorfahr. Wenn Menschen zu semitischen Religionen wie dem Judentum übertreten, werden sie entsprechend auch als Nachfahren von Abraham und dessen Ahnen Sem anerkannt.

Rassisten sind bis heute nicht einmal in der Lage, überhaupt zu definieren, wie viele »Menschenrassen« es gebe. Sind es (nach den

Söhnen Noahs) drei, 14, 247? So hatte Hitler behauptet: »Den gewaltigsten Gegensatz zum Arier bildet der Jude«[110] und Scheintaufen und »Mischehen« von Jüdinnen mit Nichtjuden beklagt. Bis heute werfen Antisemiten Jüdinnen und Juden gleichzeitig – und widersinnig – vor, einerseits Rassisten zu sein und sich andererseits gezielt mit Nichtjuden zu vermischen: »Er vergiftet das Blut der anderen, wahrt aber sein eigenes. [...] Die Bastarde schlagen dennoch nach der jüdischen Seite aus.«[111] Ganz anders dagegen beim Ariertum: »Der Arier gab die Reinheit seines Blutes auf und verlor dafür aber auch den Aufenthalt im Paradiese, das er sich selbst geschaffen hatte.«[112]

Das waren schon nach damaligem Kenntnisstand biologisch unhaltbare und auch logisch völlig widersprüchliche Vorwürfe. Und auch die moderne Genetik hat gerade keine abgegrenzten »Rassen« aufgedeckt, sondern eine genetische Übereinstimmung der einen Menschenart Homo sapiens von 99,9 Prozent. Zwischen uns Menschen bestehen nur geringe genetische Unterschiede etwa in Körpergrößen und Hautfarben, die fließend ineinander übergehen. Unsere Geschichte ist durch immer wiederkehrende Vermischungen zeitweilig abgegrenzter Populationen geprägt, wie sie auch heute wieder weltweit geschehen. Dass dies unnatürliche »Rassenschande« sei oder gar Naturgesetzen widerspreche, war nie eine wissenschaftlich haltbare, sondern immer nur eine mythologische Behauptung.[113]

1.7 Das Rätsel der jüdischen und israelischen Erfolge

Bereits bei der Betrachtung der Verschwörungspyramiden war aufgefallen, dass Juden praktisch immer an deren Spitzen gesetzt werden. Quasi niemand behauptet, eine geheime Verschwörung aus Muslimen, Persern, Afrikanern, Chinesen, Japanern oder Europäern würde die Juden verschwörerisch manipulieren – sondern stets andersherum. Während bei anderen Formen des Rassismus andere Menschengruppen für gewöhnlich abgewertet werden, verkündet der Antisemitismus eine *Überlegenheit* »des Juden«.

Auch bei Hitler selbst finden sich entsprechende Aussagen, in denen ein Unterton der Ehrfurcht mitschwingt: »Welches Volk hat größere Umwälzungen mitgemacht als dieses – und ist dennoch immer als dasselbe aus den gewaltigsten Katastrophen der Menschheit hervorgegangen?« So seien »die intellektuellen Eigenschaften« von Juden »im Verlaufe der Jahrtausende geschult. Der Jude gilt heute als ›gescheit‹ und war es in einem gewissen Sinne zu allen Zeiten.«[114]

Wenn Jüdinnen und Juden also gar nicht »minderwertig« waren, wieso sollte man sie dann vernichten wollen? Hitler behauptete im gleichen Kapitel: »Was wir heute an menschlicher Kultur, an Ergebnissen von Kunst, Wissenschaft und Technik vor uns sehen, ist nahezu ausschließlich schöpferisches Produkt des Ariers.«[115] Nur dieser sei »der wahrhaftige Kulturbegründer dieser Erde«.[116]

Wie lässt sich dieser offensichtliche Widerspruch wenn schon nicht wissenschaftlich, dann doch antisemitisch-mythologisch erklären? Wie andere Antisemiten vor ihm, z. B. Ludwig Feuerbach, behauptete Hitler, Juden verträten den »grassesten Egoismus« und ihr »Aufopferungswille« gehe »über den nackten Selbsterhaltungstrieb des einzelnen nicht hinaus«.[117] »Der Jude« habe daher auch keine »richtige Auffassung des Begriffes ›Arbeit‹« im Dienst an anderen. Daher scheitere auch »jeder Versuch zur Bildung, ja zur Erhaltung eines räumlich begrenzten Staates« und auch in der Kunst sei alles Jüdische nur »Verballhornisierung oder geistiger Diebstahl«.[118]

Entsprechend sei »der Jude« »auch nie Nomade sondern immer nur Parasit im Körper anderer Völker« gewesen.[119] Er betätige sich »nicht als Produzent, sondern ausschließlich als Zwischenglied« und sei deshalb dem »noch unbeholfenen, besonders aber grenzenlos ehrlichen Ariern weitaus überlegen«, über die er eine »blutsaugerische Tyrannei« errichte.[120]

Bis vor wenigen Monaten hätte ich noch gedacht, dass wenigstens dieser empirisch unsinnige und inzwischen ja auch durch die Existenz Israels widerlegte antisemitische Mythos aus dem Bürgertum verschwunden sein müsste.

Doch im Sommer 2018 machte ich eine besondere Erfahrung. Eine Redakteurin hatte mich zu einem Gastbeitrag zu meinem letzten Buch »Islam in der Krise« eingeladen. Darin unterlief mir ein verhängnisvoller »Fehler« – ich erwähnte Israel in einem Nebensatz positiv.

Es waren 2013 auf den Kleinstaat Israel mit rund acht Millionen Einwohnern mit 4789 Patentanmeldungen rund 37-mal so viele entfallen wie auf das benachbarte Ägypten, das mit fast 90 Millionen Einwohnern gerade einmal 129 Patente erreichte. Die gesamte arabische Welt mit weit über 300 Millionen Menschen kam auf rund 1800 Patente, also nicht einmal auf die Hälfte derer aus Israel.[121]

Die Redakteurin verlangte eine Streichung dieser Aussage. Israel sei doch »das am stärksten subventionierte Land überhaupt« und es sei nicht »fair, das mit Ländern zu vergleichen, die von Krieg zerstört sind«. Verblüfft wandte ich ein, dass doch allein die Erdölverkäufe eines arabischen Landes wie Saudi-Arabien alle denkbaren »Subventionen« vielfach überschritten und auch Länder wie Ägypten oder Pakistan milliardenschwere US-Militärhilfe erhielten. Doch der uralte antisemitische Mythos vom Juden, der eigentlich nichts selber schaffen kann, war stärker. Ich verzichtete frustriert auf das Erscheinen des Artikels.

Der Pharao als erster Antisemit

Erst Monate später wurde mir klar, dass ich unbeabsichtigt den Zentralmythos des Antisemitismus berührt hatte – den des arbeitsunwilligen Juden, der nur auf Kosten anderer lebt. Schon das 2. Buch Mose eröffnet in Vers 1,8: »Da erstand ein neuer König über Ägypten, der von Josef nichts wusste.« Der Jerusalemer Psychologe und Religionsgelehrte Gabriel Strenger kommentierte dazu trocken: »Die Verdienste der Juden, ihre Beiträge zu Wirtschaft, Kultur und Politik werden geleugnet.«[122]

Tatsächlich hatte Josef laut der biblischen Erzählung als gefangener Migrant die Träume des Pharaos gedeutet, war zum Verwalter aufgestiegen, hatte die ägyptische Verwaltung modernisiert und eine Hungersnot verhindert. Nach einer Palästinareise hat Thomas Mann diese Geschichte gegen den Antisemitismus von 1926 bis 1943 erzählt.[123] Genau parallel dazu hatten die Nationalsozialisten mit dem Film »Jud Süß« über den württembergischen »Hofjuden« Joseph (!) Süß Oppenheimer massiv den antisemitischen Mythos propagiert: Juden leisteten nichts, sie pressten nur durch Verschwörungen Nichtjuden aus.

Bereits der Talmud deutete (in Sota 11a) den biblischen Pharao als den ersten antisemitischen »Pläneschmied«. Er habe Gott überlisten und das Volk Israel ertränken wollen, da Gott Noah doch versprochen habe, nie wieder eine Sintflut zu bringen. Und so hätten er und sein Gefolge sich schließlich durch Antisemitismus selbst überlistet und seien bei der Verfolgung der fliehenden Israeliten in die Fluten gestürzt. Die Talmudstelle diskutiert sogar, ob der Pharao wirklich »neu« war, oder ob sich gleich jener Pharao, dem Josef gedient hatte, gegen die Erinnerung entschieden hätte.[124]

Erstaunlicherweise finden sich im Folgenden bereits die bis heute zentralen antisemitischen Verschwörungsvorwürfe im biblischen Urtext angelegt. So wirft der Pharao den hebräischen Sklaven in 2. Mose 1,6–9 vor, sie wären 1. kinderreich (»zeugten Kinder und mehrten sich«), würden sich 2. im Kriegsfall »zu unseren Feinden schlagen« und ihrerseits 3. »aus dem Lande ausziehen«.

So führt Tobias Ginsburg den unter Rechtspopulisten weit verbreiteten »Umvolkungsmythos«, nach dem Juden sich und andere, »feindliche« Einwanderer auf Kosten der Einheimischen verschwörerisch vermehrten, auf den französischen Autor Renaud Camus zurück, der seit 2010 mit starker Resonanz den Mythos vom »grand remplacement« propagiert.[125] Aber angelegt findet sich das Motiv schon im pharaonischen Vorwurf und ausformuliert auch schon in Hitlers »Mein Kampf« von 1925: »Juden waren und sind es, die den Neger an den Rhein bringen, immer mit dem gleichen Hintergedanken und klaren Ziele, durch die dadurch zwangsläufig eintretende Bastardisierung die ihnen verhaßte weiße Rasse zu zerstören, von ihrer kulturellen und politischen Höhe herunterzuschmettern und selber zu ihren Herren aufzusteigen.«[126]

»Die Mechanismen des Antisemitismus sind seit biblischen Zeiten wohlbekannt«, resümiert Gabriel Strenger.[127] Auf die Leugnung von positiven Beiträgen von Jüdinnen und Juden zur Entwicklung folgte schon in der Antike ein bestimmtes Set von Verschwörungsmythen.

Die Wende im Buch Esther

Diese Sequenz unterstreicht auch die zweite antike Überlieferung zum Antisemitismus, das Buch Esther, das auch den Hintergrund des Purimfestes bildet. Auch hier wollte ein König – der Achämenide Ahasveros – zum Genozid an den Juden schreiten, ließ sich aber gerade noch rechtzeitig aus einem Geschichtsbuch an die Leistungen des Mordechai erinnern. Sodann suchte er den Dialog mit einer Jüdin – Esther – und setzte den bereits zum Tode Verurteilten zu seinem Verwalter ein. Gemeinsam hielten sie den bereits befohlenen Genozid auf, indem sie den Juden ihrerseits die

Gegenwehr erlaubten und »viele aus den Völkern im Land Juden wurden«.[128] Im Gegensatz zum ertrunkenen Pharao sei Ahasveros so zu einem mächtigen und langlebigen Herrscher geworden.

Auf der Basis dieser Geschichte entfaltete sich das beliebte Purim (zu akkadisch »puru« für Los, Schicksal), die jüdische Version des schon babylonischen Rollen- und Verkleidungsfestes. Es fügte sich in die mythologische Grundstruktur vieler jüdischen Feier- und Gedenktage ein, die der Volksmund in einem tragikomischen Ausspruch zusammengefasst hat: »Sie haben versucht, uns umzubringen. Wir haben überlebt. Lasst uns essen!«[129] Semitischen Jahresfeiern mag man vieles vorwerfen, Naivität wohl eher nicht.

Aber wie begründet der Esther-Text denn den mörderischen Hass auf die Minderheit der Jüdinnen und Juden und den königlichen Genozidbefehl? Der Antisemit Haman brauchte laut Esther 3,8–10 überhaupt nicht viele Argumente, um den König vom Vernichtungsbefehl gegenüber Jüdinnen und Juden zu überzeugen. Diese seien »ein Volk, zerstreut und abgesondert unter allen Völkern in allen Ländern deines Königreichs, und ihr Gesetz ist anders als das aller Völker und sie tun nicht nach des Königs Gesetzen.« Zudem versprach Haman aus dem Pogrom »zehntausend Zentner Silber« für »die Schatzkammer des Königs«. Dieser überreichte Haman daraufhin seinen Siegelring und gab ihm damit Vollmacht.[130]

In schärfster, also ganz und gar nicht naiver, gutgläubiger, »gutmenschlicher« Kritik an absoluten Herrschern wird hier formuliert: Schon die Eigentümlichkeit des semitischen, verschrifteten Gesetzes zusammen mit Gier waren Motivation genug für einen königlichen Vernichtungsbefehl gegenüber Abertausenden der eigenen Untertanen. Nur ein Rechtsstaat auf Basis von Schrift kann uns vor solchen Tyrannen bewahren.

Laut Strenger markieren das von Esther verfasste Buch, in dem Gott gar nicht erwähnt wird, wie auch das Purimfest einen inner-

jüdischen »Paradigmenwechsel während des babylonischen Exils«, da gegen erbitterte Widerstände von nun an die Erweiterung der Tradition durch immer neue Auslegungen akzeptiert wurde. »Purim ist das Symbol dieser kopernikanischen Wende des Judentums, in der der Mensch zum Schauplatz der göttlichen Offenbarung wurde.«[131]

Das Himmelfarb-Rätsel

Wir sind damit an der Wurzel der Entscheidung zwischen Semitismus und Antisemitismus angelangt – bei der Frage, wie sich der besonders große Einfluss des Judentums auf die Menschheitsgeschichte erklären lasse. Haben wir nur die Wahl zwischen göttlicher Offenbarung einerseits oder Verschwörungsglauben andererseits?

Gertrude und Milton Himmelfarb haben dieses Rätsel treffend zusammengefasst: »Jeder Jude weiß, wie absolut durchschnittlich er ist; aber zusammen scheinen wir in große und unerklärliche Dinge verwickelt zu sein [...] Die Zahl der Juden in der Welt ist kleiner als ein statistischer Fehler in der chinesischen Volkszählung. Und doch bleiben wir größer als unsere Zahl.«[132]

Tatsächlich sind die Befunde auffällig: Aus dem Judentum sind die zwei größten Weltreligionen der Erde hervorgegangen, die zusammen mehr als die Hälfte aller Erdenbürger als Mitglieder beanspruchen: Christentum und Islam, die wiederum weitere, kleinere Traditionen etwa der Aleviten, Sikhs und Bahai hervorgebracht haben. Dabei ist »kleiner« relativ zu sehen – die im 15. Jahrhundert begründeten und seitdem auch immer wieder verfolgten Sikhs sind mit über 25 Millionen Mitgliedern bereits größer als das Judentum mit seinen etwa 15 Millionen Mitgliedern. Auch die erst im 19. Jahrhundert gegründete Kirche Jesu Christi der Heiligen der Letzten Tage (Mormonen) hat derzeit etwa gleich viele Mitglieder.

Vielleicht war also nicht die Zahl, sondern die Bildung entscheidend? Denn immerhin geht der in der deutschsprachigen Mystik und auch von Luther verwendete Begriff »Bildung« selbst wiederum auf die hebräisch-biblische Formulierung zurück, nach der der Mensch »nach Gottes Bild« geschaffen wurde.[133]

Bildungserfolg

Kaum waren in Europa im 19. Jahrhundert Bildungsschranken aufgehoben und neue Berufsbilder eröffnet worden, begannen Juden die Aufstiegschancen zu nutzen. Schon in den 1880er-Jahren betrug der Anteil jüdischer Studenten an russischen Universitäten zwischen zehn Prozent (Moskau) und knapp 30 Prozent (Odessa) – bei einem Bevölkerungsanteil zwischen vier und fünf Prozent. Nichtjüdische Russen riefen bis ins Parlament, die Duma, hinein nach Maßnahmen, »um dem Angriff einer so sehr überlegenen Bevölkerungsgruppe standzuhalten«.

Ganz Osteuropa wurde von Pogromen, diskriminierenden Gesetzen und schließlich antijüdischen Zugangsbeschränkungen an immer mehr Bildungsstätten erschüttert. Hunderttausende Jüdinnen und Juden wanderten daraufhin nach Mitteleuropa aus, wie der spätere Staatspräsident Israels, Chaim Weizmann, der in Darmstadt und Berlin Chemie studierte.[134]

In der Weimarer Republik erwartete aufstrebende Jüdinnen und Juden antisemitischer Hass und Diskriminierung gerade auch im Bildungssystem. Als der auch akademisch gescheiterte Adolf Hitler 1925 über »verjudete Universitäten« klagte, waren über fünf Prozent der Studierenden an deutschen Universitäten jüdisch, bei einem Bevölkerungsanteil von nur einem Prozent. Der Anteil jüdischer Privatdozenten lag sogar bei über zehn Prozent, aber nur ein Bruchteil, unter drei Prozent, der Professuren wurde mit Jüdinnen und Juden besetzt.[135]

Vielleicht war also nicht die Zahl, sondern die Bildung entscheidend? Denn immerhin geht der in der deutschsprachigen Mystik und auch von Luther verwendete Begriff »Bildung« selbst wiederum auf die hebräisch-biblische Formulierung zurück, nach der der Mensch »nach Gottes Bild« geschaffen wurde.[133]

Bildungserfolg

Kaum waren in Europa im 19. Jahrhundert Bildungsschranken aufgehoben und neue Berufsbilder eröffnet worden, begannen Juden die Aufstiegschancen zu nutzen. Schon in den 1880er-Jahren betrug der Anteil jüdischer Studenten an russischen Universitäten zwischen zehn Prozent (Moskau) und knapp 30 Prozent (Odessa) – bei einem Bevölkerungsanteil zwischen vier und fünf Prozent. Nichtjüdische Russen riefen bis ins Parlament, die Duma, hinein nach Maßnahmen, »um dem Angriff einer so sehr überlegenen Bevölkerungsgruppe standzuhalten«.

Ganz Osteuropa wurde von Pogromen, diskriminierenden Gesetzen und schließlich antijüdischen Zugangsbeschränkungen an immer mehr Bildungsstätten erschüttert. Hunderttausende Jüdinnen und Juden wanderten daraufhin nach Mitteleuropa aus, wie der spätere Staatspräsident Israels, Chaim Weizmann, der in Darmstadt und Berlin Chemie studierte.[134]

In der Weimarer Republik erwartete aufstrebende Jüdinnen und Juden antisemitischer Hass und Diskriminierung gerade auch im Bildungssystem. Als der auch akademisch gescheiterte Adolf Hitler 1925 über »verjudete Universitäten« klagte, waren über fünf Prozent der Studierenden an deutschen Universitäten jüdisch, bei einem Bevölkerungsanteil von nur einem Prozent. Der Anteil jüdischer Privatdozenten lag sogar bei über zehn Prozent, aber nur ein Bruchteil, unter drei Prozent, der Professuren wurde mit Jüdinnen und Juden besetzt.[135]

Doch auch diese Deutung geht wissenschaftlich gesehen nicht schlüssig auf, wie der israelische Historiker Yuval Noah Harari kritisch angemerkt hat. So gingen sowohl die Wiedergründung des Staates Israel wie auch die meisten Erfolge in den Wissenschaften gerade nicht von religiösen, sondern ganz überwiegend von säkularen Juden aus. »Juden haben ihre bemerkenswerten Beiträge zur Wissenschaft erst dann gemacht, als sie ihre Yeshivas [Lehrhäuser] gegen Labore eingetauscht hatten. [...] Wir wissen nicht, was Einsteins Vorfahren zu Zeiten von Galileo oder Newton gemacht haben, aber höchstwahrscheinlich waren sie sehr viel mehr am Studium des Talmuds interessiert als am Studium des Lichts.«[143]

Obgleich »die jüdische Betonung des Lernens wahrscheinlich einen bedeutenden Beitrag zum außerordentlichen Erfolg jüdischer Wissenschaftler« gehabt habe, waren es laut Harari vor allem »nichtjüdische Denker, die den Grundstein für die Errungenschaften von Einstein, Haber und Freud gelegt haben. Die wissenschaftliche Revolution war kein jüdisches Projekt, und Juden fanden ihren Platz darin erst, als sie aus den Yeshivas an die Universitäten gingen.«[144]

1.8 Die Wiederkehr des säkularen Rassismus

War es also doch nicht das Studium von Tora und Talmud, sondern eine gewissermaßen angezüchtete genetische Andersartigkeit? Säkulare Rassisten sahen zunächst in den USA noch einmal die Chance, über eine vermeintlich genetische Höherwertigkeit von Jüdinnen und Juden eine Abwertung anderer »Rassen« und Religionen zu behaupten.[145] Sie zitierend, formulierte Thilo Sarrazin 2010 in einem vor allem gegen Muslime gerichteten Bestseller, die »spezifische Kultur der osteuropäischen Juden und der hohe Status, den Intellektuelle und Gelehrte in ihren Gemeinwesen besaßen«, habe zu einer »überdurchschnittlichen Vermehrung der besonders Intelligenten« geführt. Denn auch aufgrund der Diskriminierungen »im christlichen Abendland« seien Juden in »Handel, Banken und intellektuelle Berufe abgedrängt« worden. Bald hätten die »Schriftgelehrten« daher »besonderes Ansehen« genossen. »Der Rabbi hatte hohe Fortpflanzungschancen, weil er die reiche jüdische Kaufmannstochter heiraten konnte.« Diese »über Jahrhunderte betriebene Familien- und Heiratspolitik« habe schließlich zur »Ausbildung der überdurchschnittlichen Intelligenz« geführt.[146] Dass der Erfolg von Juden auf ihre Herkunft im Sinn einer genetischen Zucht zurückgehen soll, unterstrich Sarrazin durch seine bizarre Aussage: »Alle Juden teilen ein bestimmtes Gen.«[147]

Freilich basiert auch dieser neuere und vorgeblich nicht-antisemitische Rassismus wiederum nicht auf soliden wissenschaftlichen Befunden, sondern auf einer versteckten Deutung von Mythologien. Schließlich waren die angeführten rabbinischen Regeln der »über Jahrhunderte betriebenen Familien- und Heiratspolitik« ganz klar nicht biologischen, sondern religiös-mythologischen Ursprungs. Im Grunde wird in den sogenannten »Geniale-Gene-Thesen« behauptet, dass die Religion des Judentums durch ihre Fortpflanzungsregeln eine intellektuell überlegene jüdische »Rasse« erst hervorgebracht, sich gewissermaßen selbst »rassifiziert« habe. Unter der Oberfläche einer angeblich biologischen These steht also wieder eine empirisch unbelegte Behauptung über genetische Auswahlprozesse durch religiöse Mythen.

Erfreulicherweise gibt es aber längst einen auch wissenschaftlich viel stärkeren Ansatz, der auch bei Harari angeklungen war. Schon der liberale russische Post- und Telegrafenminister Graf Iwan Tolstoi († 1867) hatte davor gewarnt, den »allzu starken Bildungsdrang der Juden als Anomalie« anzusehen. Mit einiger Bewunderung vermerkte er, ein jüdischer Schüler strebe »mit allen Kräften danach, stets einer der besten Schüler in der Klasse zu sein« und

»sein Studium erfolgreich in der gegebenen Frist« abzuschließen«. Zustimmend schreibt auch der evangelische deutsche Antisemitismusforscher Götz Aly von der »überragenden Wissbegier jedes einzelnen jüdischen Schülers, gespeist nicht zuletzt aus seiner Existenz als Paria, begünstigt von hellem Verstand und geistigem Training«.[148] Noah Efron betont in seiner Studie, als »Juden in großer Zahl in die westlichen Gesellschaften eintraten«, sei »Wissenschaft ein zentraler Aspekt ihrer Träume« geworden – eine Chance gleichermaßen auf Aufstieg, Gleichberechtigung und Demokratie.[149] Nicht also irgendeine Genetik, sondern eine hoffnungsvolle Einstellung zum Lernen an sich sei von der Religion auf die säkulare Bildung umgestellt worden und hätte den – laut Efron inzwischen langsam ermattenden – Wirtschafts- und vor allem Wissensschub ausgelöst.

Nun sind wir fast am Ziel, doch noch immer bleiben ungelöste Fragen. Denn in Europa gab es im 19. Jahrhundert auch weitere ethnische und religiöse Minderheiten wie die überwiegend christlichen Sinti und Roma und die Muslime – letztere 1897 in Russland mit knapp 14 Millionen fast dreimal so viele wie die rund fünf Millionen Juden. Warum hätten diese nichtjüdischen Minderheiten nicht ganz genauso staatsbürgerliche Gleichberechtigung, säkulare Bildung und Wissenschaft als Chancen entdecken, notfalls ebenso auswandern und Nobelpreise erringen sollen? Warum konnten fast gleichzeitig mit Israel gegründete Nationalstaaten wie das buddhistisch geprägte Myanmar oder das muslimisch geprägte Pakistan trotz ihrer mehrfachen Land- und Bevölkerungsgröße noch keine vergleichbar erfolgreichen Wissensnationen werden?

Und wenn doch erst die Möglichkeiten säkularer Gesellschaften besondere Beiträge von Jüdinnen und Juden ermöglicht hätten, wie erklärt sich dann der Einfluss ausgerechnet des Judentums auf die Entstehung anderer Religionen sowie unser Verständnis von Zeit, Freiheit, Recht und vielem mehr?

Der irisch-amerikanische Historiker Thomas Cahill formulierte: »Die Juden haben es alles angefangen – und mit ›es‹ meine ich so viele der Dinge, die uns wichtig sind, die grundlegenden Werte, die alle von uns, Juden und Nichtjuden, Gläubige und Atheisten, vorantreiben. Ohne die Juden würden wir die Welt durch andere Augen sehen, mit anderen Ohren hören, sogar mit anderen Gefühlen fühlen.«[150]

Und er konkretisierte, dass »das Glaubenssystem, das wir später als Judentum benennen würden, die Quelle der fortschrittshoffenden Weltanschauung ist; jener fortschrittshoffenden Weltanschauung, zu der sich alle westlichen Völker bekennen und die sich auch in vielen (und in gewissem Umfang allen) nicht-westlichen Gesellschaften ausgebreitet hat.«[151]

Nur mit einer besonderen Lernkultur und einem dann auch säkularen Aufstiegswillen erst ab dem 19. Jahrhundert ist all dies nicht zu erklären. Ich werde nun aber behaupten, dass wir die nicht-genetische, nicht-rassistische und auch nicht notwendig religiöse Lösung des Rätsels sowohl des Semitismus wie auch des Antisemitismus bereits die ganze Zeit vor Augen hatten – und jetzt in die Lage kommen, sie zu sehen. Der deutsch-jüdische Philosoph und Übersetzer Moses Mendelssohn war sogar schon im 18. Jahrhundert genau auf dieser Spur. Er schrieb: »Mich dünkt, die Veränderungen, die in verschiedenen Zeiten der Kultur mit den Schriftzeichen vorgegangen, haben von jeher an den Revolutionen der menschlichen Erkenntnis überhaupt und insbesondere an den mannigfachen Abänderungen ihrer Meinungen und Begriffe in Religionssachen sehr wichtigen Anteil.«[152]

Und genau das ist es: Nach jüdischer Überlieferung ist Sem (hebräisch: Schem, »Name«) niemand anderes als jener Sohn Noahs, der das erste Lehrhaus errichtet habe – und noch vor der Entfaltung des Judentums selbst in einer Alphabetschrift Religion und Recht verschriftet und gelehrt habe.[153]

1.9 Antisemitismus und die Angst vor der Zukunft

»Die Zukunft ist keine Zeitform, sondern ein Geisteszustand«, formulierte Nadja Klinger in einer Meditation über die »Kunst, das Futur zu sein«.[154]

Als Menschen begannen, in Alphabeten mit unter 30 Zeichen zu lesen und zu schreiben, lösten sie damit neue, sowohl individuelle wie soziale Erfahrungen von Zukunft aus. Vergangenheit konnte einfacher als je zuvor verschriftet, ge-schichtet und fortgeschrieben werden und die Lesungen drängten zum Blick nach vorn, zum Fort-Schritt. Zum ersten Mal wurde es »kinderleicht« – und für breite Schichten erlernbar –, aus dem vorherrschenden, zyklischen Zeitverständnis auszubrechen und in eine hoffnungsvolle lineare Zeit einzutreten. Das ur-semitische Alphabet des Hebräischen und später auch das Arabische erwiesen sich dabei durch ihre Vokalarmut als besonders geeignet, um mit Hilfe von Lehrenden bildlos rezitiert zu werden und Mehrdeutigkeiten und Mythen gleichzeitig zu speichern und zu öffnen.

Die Geschichte des individuellen und auch gemeinschaftlichen Lebens konnte nun in semitisch neuer Weise fortgeschrieben werden, Sinn ergeben. Wie es Rabbi Sacks formuliert:

> »Monotheismus war nicht nur eine bloße mathematische Reduktion von vielen Göttern zu einem Gott. Das mag Tempelkosten eingespart haben, aber es würde nicht die menschliche Situation verändert haben. Was diese veränderte war die Entdeckung eines Gottes jenseits des Universums. Diese Idee, und nur diese, hatte die Macht, das Leben aus Tragödie und Sinnlosigkeit zu erlösen.«[155]

Die vokalisierten, »japhethitischen« Alphabete ab dem Griechischen drängten dagegen zur schnellen Eindeutigkeit, zur bildreichen Schriften-, Helden- und Schauspielrolle, zur Analyse und schließlich zur wissenschaftlichen Theorie. Sem und Japheth, Israel und Griechenland, später Rom verdanken ihre spannungsreiche Bedeutung für die menschliche Zivilisation nicht diesen oder jenen Genen oder Hautfarben, sondern vor allem der Form ihrer Schriftmedien und den daraus erwachsenden Zukunftshoffnungen. Die Medien prägten die Botschaft bis ins innerste Erleben hinein.

»Vieles ist hier neu. Der Mensch ist nie in der Lage gewesen, in der wir jetzt sind«, eröffnete die aus einer polnisch-jüdischen Familie stammende Jeanne Hersch als erste Schweizer Professorin der Philosophie 1972 einen Vortrag über die Zukunft und den Sinn des Lebens. Dabei nahm sie die Ängste ihres formal hochgebildeten und offensichtlich besorgten Publikums in einem der stabilsten und wohlhabendsten Staaten der Erde auf. Und sie fuhr gut semitisch fort: »Aber der Mensch ist immer in neuen Lagen gewesen. Das ist ja das Übliche dadurch, dass der Mensch in der Geschichte lebt.«[156]

Den europäischen und amerikanischen Antisemiten aber erschien all dies – und damit auch die Alphabet- und Mythenbringer selbst, die Semiten – als Boten einer trügerischen, falschen Zeiterfahrung. Von der einfachen Esoterikerin über den menschenverachtenden Bürokraten bis zum gefeierten Philosophen reichte – und reicht! – die gefühlte Zukunftsangst, die Erwartung eines baldigen Verfalls und die Vermutung einer täuschenden Verschwörung. Gegen den Semitismus spricht so seit Beginn der gefühlte Widerwille, das Ressentiment, der Antisemitismus.

Antisemiten kommen immer wieder zur Verachtung jener »semitischen«, alphabetisierten Zivilisation, der auch sie selbst das Leben verdanken. Die komplexe, aber in Summe aufsteigende Geschichte – im biblischen Mythos verkörpert im Psychologen, Prognostiker, Verwalter und Retter Josef – können sie nicht ertragen, sie müssen sie umschreiben und verdrängen. Ihnen bleibt am Ende ihres mythologischen Denkweges immer nur die Hoffnung, gegen den drohenden Verfall noch einmal an eine fiktionale Ur-Herkunft – ihre »Rasse« – anzuknüpfen. »Was nicht Rasse ist auf dieser Welt, ist Spreu« (Hitler).[157]

»Dort, wo man Bücher verbrennt, verbrennt man am Ende auch Menschen«, hatte Heinrich Heine bereits 1820 formuliert. Die reichsweit mit brennenden Fackelzügen und brüllend-populistischen Reden organisierten Bücherverbrennungen der Nazis von 1933 standen nicht zufällig am Beginn der antisemitischen Gewaltherrschaft. Die Antisemiten haben den Zusammenhang von Alphabetmedien und der komplexen Identität jüdischer und nichtjüdischer Semiten intuitiv erahnt und dagegen Gewalt und Feuer entfesselt. Öffentlich zelebrierte Bücherverbrennungen waren und sind die zutiefst antisemitische Tat, die der Menschenverbrennung vorangeht.[158]

Antisemiten wie Hitler, Heidegger und andere spürten, dass selbst ein erfolgreicher Neustart in der zyklischen Logik der eigenen Mythologie nur einen weiteren, bestenfalls tausendjährigen Zyklus anstoßen würde, bevor wieder der Verfall drohen würde. Es gibt in der Mythologie des Antisemitismus keine letzte Hoffnung und keine Erlösung, sondern nur immer wiederkehrende Zyklen von Aufstieg und Verfall. Schrift, Wissen und auch Götter sind dem Antisemiten also immer nur säkular, gar bedrohlich; als einzig Ewiges, Heiliges verbleibt ihm immer nur »das Blut«.

Millionen Deutsche wählten Hitler, obgleich dieser in »Mein Kampf« ausdrücklich geschrieben hatte, dass »alle anderen Probleme des Lebens« immer »nur in der Zeit liegen, während die Frage der Blutserhaltung eine solche der menschlichen Ewigkeit ist«. Daher gehe es um »Fragen des allgemeinen Rechts« ebenso wie um »Auswüchse des wirtschaftlichen Lebens, um kulturelle Niedergangserscheinungen oder politische Entartungsvorgänge, um Fragen einer verfehlten Schulerziehung oder einer schlechten Beeinflussung der Erwachsenen durch Presse«. Alle politischen Probleme gingen »immer und überall« nur auf die »Nichtbeachtung rassischer Belange des eigenen Volkes oder das Nichtsehen einer fremden, rassischen Gefahr« zurück.[159] Wie leicht lässt sich heute urteilen, die Menschen hätten damals wissen können, auf was für ein bizarres, rassistisches, obsessiv antisemitisches Politikverständnis sie sich einlassen, wenn sie – gelesen hätten. Doch lesen wir heute mehr?

Seit Jahrtausenden lebt die lesende Jüdin, Christin, Muslimin, Buddhistin, Humanistin in der Hoffnung auf die Er-Lösung in einer besseren Zukunft hin. Es ist genau diese Hoffnung und Zukunft, die der mal raunende, mal brüllende Antisemit als Schauplatz des drohenden Verfalls und der Verschwörung beschuldigt.

Wie der biblische Josef leugnen auch Semiten das Kommen guter wie auch schlechter Jahre gerade nicht; doch bekräftigen sie, dass dagegen friedliche Vorsorge möglich und geboten sei. Dies hält der Antisemit für naiv oder verschwörerisch, ihm bleibt am Ende nur der Rückgriff auf Rassismus und Gewalt.

Wo Semiten also trotz Herausforderungen immer neue Welten des Fortschritts im Diesseits, im Jenseits oder in beidem sehen, erblicken Antisemiten immer nur Niedergang. Fromme Juden trauern an der Klagemauer des zerstörten Tempels um eine vermeintlich selbstverschuldete Unterbrechung des göttlichen Projekts. Antisemiten erspüren dagegen – wie seinerzeit Albert Speer – sogar im projizierten »Ruinenwert«[160] noch nicht einmal gebauter Monumente eine Bestätigung ihrer Zukunftsangst und ihres zyklischen Zeit- und Selbstempfindens.

Erst »die Flucht des NS-Regimes aus der linearen Geschichte«, urteilt der Historiker Christopher Clark, »verlieh seinem apokalyptischen Projekt einer rassischen Selbstverwirklichung Kohärenz«.[161]

Und so treten auch heute noch populistische Parteien weltweit immer wieder mit den gleichen Elementen auf. Dazu gehört die Beschwörung einer angeblich heilen Vergangenheit und »Reinheit«, die von bösen, ausländischen und fremdgläubigen Superverschwörern akut bedroht werde; die obsessive Verknüpfung aller, wirklich aller politischen Probleme mit Zuwanderern und »globalistischen« Verschwörern; schließlich das Misstrauen gegen Intellektuelle, gegen demokratische Politikerinnen und Politiker und »die Presse«.

In politischen Studien zeigt sich der große Erfolg populistischer Parteien in Deutschland nicht in objektiv messbaren Unterschieden etwa bei Einkommen, Wohlstand oder Bildung – sondern in der Wahrnehmung von Zukunft. So sahen 2018 nur 33 Prozent der deutschen Gesamtbevölkerung »schwarz für Deutschland«, aber 53 Prozent der Anhängerschaft der Linken und 83 Prozent (!) der AfD-Gefolgschaft.[162] Entsprechend kann es nicht verwundern, dass im gleichen Zeitraum nur 22 Prozent der deutschen Gesamtbevölkerung, aber 55 Prozent der AfD-Sympathisierenden beanstandeten, dass »Juden auf der Welt zu viel Einfluss« hätten.[163]

Wir dürfen davon ausgehen, dass manche Anführer und Mitglieder von im weitesten Sinne »elitenkritischen« Parteien vom ständigen Zustrom von Antisemiten tatsächlich negativ überrascht sind. Wie gern würden sie einen Populismus erschaffen, der nicht zugleich wieder antisemitisch wäre!

Aber die rhetorische mythologische Logik der zyklischen Verfallsgeschichte ist unerbittlich – sie will die Technologien der Moderne nutzen, kann aber die Beiträge des Josef dazu nicht anerkennen. Sie fordert, den »Willen zum Feind« in populistischer Rede auszudrücken[164] und muss also unangenehme Schrift-Wahrheiten unterdrücken.

Auch hinter Heideggers hochintellektuellem Geraune über die »Entwurzelung alles Seienden aus dem Sein« steht der zyklische Verfallsmythos und die mythologisch verkleidete Wut über die Semiten,[165] die die Alphabetschrift lehrten und so die lineare Zeit, das verschriftete Recht und die Idee vom Fortschritt auslösten. Auch die hochakademische Zusammensetzung der monströsen Wannsee-Konferenz samt ihres Protokollanten Eichmann bezeugt: Formale Bildung allein schützt nicht davor, in die boshafte Gefühls- und Mythenfalle einer dunklen, antisemitischen Zukunftserwartung und damit eines dualistischen, menschenverachtenden Geisteszustandes zu fallen.

2. Sems Erfolgsgeheimnis
Das Alphabet

»Darum soll mein Bogen in den Wolken sein, dass ich ihn ansehe und gedenke an den ewigen Bund zwischen Gott und allen lebendigen Seelen in allem Fleisch, das auf Erden ist. Und Gott sagte zu Noah: Das sei das Zeichen des Bundes, den ich aufgerichtet habe zwischen mir und allem Fleisch auf Erden. Die Söhne Noahs, die aus dem Kasten gingen, sind diese: Sem, Ham, Japheth.«

Bibel, Buch Genesis / Bereschit (1. Jahrtausend v. Chr.) 9,16–18[1]

»Mit jenen reden zu können, die in den Indiens sind, die in tausend oder zehntausend Jahren noch nicht geboren sind, und mit welcher Leichtigkeit: Zwanzig kleine Buchstaben, arrangiert auf einer Seite! Lasst dies das Siegel aller bewundernswerten Erfindungen des Menschen sein.«

Galileo Galilei (1632)[2]

»Die Geburt des Schreibens war die Geburt der Zivilisation, weil sie dem Wachstum des Wissens ermöglichte, sich anzusammeln.«

Baron Rabbi Jonathan Sacks (2011)[3]

»Die größten Umwälzungen auf dieser Welt sind noch nie durch einen Gänsekiel geleitet worden. Nein, der Feder bleibt es immer nur vorbehalten, sie theoretisch zu begründen. Die Macht aber, die die großen historischen Lawinen religiöser und politischer Art ins Rollen brachte, war seit urewig nur die Zauberkraft des gesprochenen Wortes.«

Adolf Hitler (1925)[4]

In der Bibel fällt Sem kaum auf. Er ist neben Japheth einer der zwei Söhne, die Noah angesichts von dessen Trunkenheit respektvoll behandeln, und erhält dafür einen besonderen Segen. Er ist mehrfacher Vater und wird Urahne von Abraham, Israel, Mose und mittelbar auch Jesus und Muhammad. Doch kein Buch ist nach ihm benannt und der Bibeltext benennt auch sonst keine spezifischen Taten, die Sem vollbracht haben soll.

Es sind die Rabbiner des Talmud – der jüdischen Auslegung des biblischen Textes –, die in Sem niemand Geringeren erblicken als ihren ersten Kollegen: Er ist der erste Schriftgelehrte, der Religion und Recht im Medium der Alphabetschrift vermittelte. Es heißt, er habe mit den noachidischen Geboten den ersten universellen Bund für alle Menschen auf Basis von Texten gelehrt, samt Menschenwürde und Menschenrechten.

Auf Sems Urenkel Ewer geht laut rabbinischen Auslegern die Bezeichnung »Iwri« = »Hebräer« zurück.[5] Wegen seines biblisch hohen Alters habe Sem nicht nur diesen Urenkel Ewer, sondern auch dessen Ururururenkel Abraham sowie dessen Sklaven Eliezer unterrichten können.[6]

Nun ist Sem kein biologischer oder historischer, sondern ein mythologischer Vorfahr. In ihm symbolisiert sich das Wirken zahlreicher namenloser Schriftgelehrter, die »semitische« Texte in Alphabetschrift verfasst, übersetzt, kommentiert, zitiert und erweitert, die Kinder und Erwachsene unterrichtet und die jüdische Gemeinschaft auch in Zeiten des Exils und der Katastrophe beieinander gehalten haben.

Sowohl im babylonischen Exil nach der Zerstörung des ersten Jerusalemer Tempels im 6. Jahrhundert v. Chr. wie auch nach der Niederlage gegen Rom, der Zerstörung des zweiten Tempels und der Vertreibung aus Israel im 1. Jahrhundert n. Chr. überlebte das semitische Judentum nicht durch Paläste und Heiligtümer, sondern durch seine Kinder und Schulen. Und auch heute bemühen sich insbesondere streng religiöse Jüdinnen und Juden um Kinderreichtum und einen möglichst langen (Tora-)Schulbesuch nicht nur der Jungen, sondern auch noch der bereits erwachsenen Männer.[7]

Sem symbolisiert damit das zentrale Erfolgsrezept des Judentums und dann semitischer Traditionen in Christentum, Islam, Humanismus und weiteren Religionen und Weltanschauungen: Von nun an waren nicht mehr Tempel, sondern Schriften die bedeutendsten Träger der Lehren. Wer sie an ausreichend viele Menschen weitergab, konnte weltweite Wirkung erzielen – wie es der israelische Literat Amos Oz und seine Tochter, die Historikern Fania Oz-Salzberger, prägnant formulierten: »Gebildeter Nachwuchs ist der Schlüssel zum kollektiven Überleben.«[8]

Und selbstverständlich konnte und kann also jeder Mensch, der etwa zum Judentum übertrat, allein durch das Erlernen und Einüben der Alphabetschriften und der Traditionen mythologisch ein Kind von Abraham und Sem werden. Dies war und ist völlig unabhängig von Geschlecht, Hautfarbe, Herkunft, gar von »Rasse« oder auch »Kaste«, von Muttersprache oder Genetik!

Auch lehrte Sem den Auslegungen zufolge keine bestimmte Religion als alleinigen Weg zu Gott, sondern »einen Bund auf der Basis der sieben noachidischen Gebote – die auf die fundamentalsten Regeln der Menschlichkeit hinauslaufen«.[9] Unter dem Symbol des Regenbogens wurde er mit der Lehre eines »Menschheitsbundes« und »Menschheitsethos« assoziiert, das auf die »Ehrfurcht vor dem Leben« – von Menschen und auch Tieren – zielt und auch inhaltlich zu einer Wurzel des Natur- und Völkerrechts geworden ist.[10]

Warum sollten Medien so wichtig sein?

Neulich suchte mein mittlerer Sohn sein Handy – und um zu helfen, rief ich ihn an. Wir lachten, als mein Smartphone meldete: »Ihr Gesprächspartner ist nicht erreichbar.« Er stand ja direkt vor mir! Ich hatte über mein Smartphone gar nicht ihn, sondern sein Handy erreichen wollen.

An der kleinen Geschichte wurde mir wieder deutlich, wie schnell wir Menschen gefühlt mit unseren Medien verschmelzen. Wenn ich »eine Mail an Zehra« schreibe, dann muss ich mir selbst erst bewusst machen, dass diese Nachricht nicht direkt an meine Frau geht, sondern an eine internationale Cloud, von der sie es abrufen kann. Soll es also schneller gehen, so schreibe ich eine SMS, da ich davon ausgehe, dass sie häufiger auf ihr Handy als in das Mailprogramm schaut. Noch in meiner eigenen Kindheit hätten all diese Begriffe völlig unverständlich, magisch oder wirr geklungen. In der Bankausbildung lernte ich die Bedienung eines Faxgerätes – von dem meine Kinder heute nicht mehr verstehen, wozu es einmal getaugt haben soll. Tragbare Handys sind erst wenige Jahrzehnte alt und haben weltweit das Kommunikations-, Informations- und auch Familienverhalten verändert.

Im heiligen Tal der Yeziden, Lalisch, traf ich auf eine alte Dame, die in einem isolierten Dorf aufgewachsen war und noch nicht einmal Lesen und Schreiben hatte lernen dürfen. Doch nun suchte sie das heilige Tal nicht etwa nur zum Beten auf – sondern weil es dort von Gläubigen gestiftetes freies Internet gab. Mithilfe von Sprachnachrichten konnte sie so täglich Kontakt zu ihrer Familie aufnehmen, die in verschiedenen Teilen des Irak, in Europa und den USA lebte.

Wenn wir schon bei den heutigen »neuen Medien« eine enorme Wirkung bis in unseren Alltag hinein beobachten, dann müsste die Wirkung jahrhunderte-, ja jahrtausendealter Medien eigentlich bis ins letzte Detail erforscht sein. Doch davon kann leider keine Rede sein – noch immer hält sich die Vorstellung, Medien seien »neutrale« Kommunikationskanäle.

Dabei ist die Geistes- und Kulturgeschichte unseres Planeten nicht ohne den massiven Einfluss der Medien zu verstehen. Für Religionen gilt dies sogar in besonderem Maße, denn die höheren Wesen – wie Gottheiten, Engel und Dämonen – lassen sich nur durch Medien wie Sprache, Bilder und Schriften »erfahren«. Zugespitzt: Es gäbe kein rabbinisches Judentum ohne die vokalarme alphabetisierte Schriftrolle, kein Christentum ohne das vollvokalisierte Buch (den »Codex«), keinen Islam ohne die Mischung aus beidem, und auch keinen Nationalstaat, keine Partei und kein Grundgesetz ohne die Druckerpressen.

Modern gesprochen, wurden biologische Traditionen (Familien) und ein neues Medium (Alphabetschriften) verknüpft. Und tatsächlich entstanden alle Alphabete mit unter 30 Buchstaben – von Arabisch über Griechisch und Latein bis Kyrillisch – aus »semitischen Wurzeln« im regionalen Umkreis des heutigen Israel und werden bis heute auch nach den ersten beiden hebräischen Buchstaben benannt: Aleph (Ochse) und Bet (Haus), daraus dann später Griechisch (und bereits ohne Sachbedeutung) Alpha – Beta.[11]

Im Gegensatz z. B. zur babylonischen Keilschrift auf Tontafeln konnten Alphabete grundsätzlich auch auf verschiedene Medien wie Stein, Ton, Holz, gegerbte Felle, Pflanzenfasern (Papyrus) und Papier aufgetragen werden. Und im Gegensatz zu komplexen Schriften wie den ägyptischen Hieroglyphen oder dem Chinesischen mit über 100.000 Schriftzeichen – von denen zwischen 3000 und 5000 im Alltag angewendet werden – war das Erlernen von 20 bis 30 Alphabetzeichen buchstäblich »kinderleicht« und konnte also schnell und leicht vermittelt werden. »Das Alphabet beendete die Vorherrschaft der schriftkundigen Elite.«[12]

2.1 Die Alphabetschrift ist die Botschaft

Mit der Aussage »The Medium is the Message – Das Medium ist die Botschaft« hatte Marshall McLuhan darauf aufmerksam gemacht, dass jedes Medium als Transportmittel Botschaften nicht nur transportiere, sondern dabei auch massiv verändere. Wer die gleiche Geschichte als gesprochene Erzählung, als Buch, Gemälde oder Film vorfindet, weiß, was gemeint ist – sie kann in unterschiedlichen Medien gar nicht mehr »die gleiche« sein, sondern wird in die verschiedenen Medien eingefügt. McLuhan: »Jede Transportform trägt nicht nur, sondern übersetzt und verwandelt Sender, Empfänger und Botschaft.«[13]

Der Literatur- und Medienwissenschaftler Walter Ong ergänzte dazu: »Schreiben ist eine Technologie, die Denken restrukturiert.«[14] Und die Alphabetschriften haben innerhalb weniger Jahrtausende mehr als die Hälfte der Menschheit erreicht und die gesamte Menschenwelt umgekrempelt.

Mit den Alphabeten stand die Schrift nicht mehr nur königlichen Beamten, spezialisierten Priestern oder geborenen Brahmanen offen – sondern grundsätzlich allen. Sem war kein Gott und auch kein Adliger, sondern Mensch unter Menschen. Auch schon der Pharao Echnaton und seine Familie hatten, in einer Abbildung allesamt mit Schrifttafeln versehen, eine einzige Gottheit, Aton, verehrt[15] – aber erst mit den Alphabeten konnte ein so abstrakter Glaube mit heiligen Schriften in buchstäblich jedes Heim und jede Familie einziehen. Auch schon die alten Sterndeuter Sumers und Babylons hatten Wissen gesammelt und verschriftet – aber erst mit den Alphabeten wurde es breiteren Massen zugänglich. Schriftliche Kalender hatten die alten Kulturen ebenfalls bereits angelegt – die Sieben-Tage-Woche stammt aus Babylon –, doch erst mit den Alphabeten setzte sich ein linearer Kalender jenseits von allen säkularen Regimen »seit der Erschaffung der Welt« durch. Auch vor den Alphabeten waren Rechtstexte verschriftet worden – aber erst in Alphabeten wurde die Idee voller, rechtlicher Gleichstellung mit Berufung auf Gott im Noahbund formuliert.

Mehr noch: Auch für die Charaktere vieler der bedeutendsten Mythen der Bibel – wie Adam und Eva, Noah, Mose – haben Forscherinnen und Forscher inzwischen babylonische, sumerische, assyrische und ägyptische Vorläufer gefunden. Die semitischen Schriftgelehrten verstanden sich nicht als Erfinder oder direkte Empfänger göttlicher Offenbarung. Sie nahmen sich selbst vielmehr zurück, sammelten, übersetzten und verwandelten das mündlich und schriftlich Vorgefundene in unzähligen Varianten und Diskussionen, aus denen im Laufe von Jahrhunderten die Bibel und dann wiederum deren Auslegungen erwuchsen.

Heutigem Wissen zufolge entstanden die Texte der hebräischen Bibel, des ersten Buches der Bücher,[16] in drei Krisenschüben: Nach den Eroberungen der Assyrer im 8. Jahrhundert, dann vor allem im babylonischen Exil nach der Niederlage und Verschleppung im 6. Jahrhundert und schließlich unter dem Druck der griechischen und später römischen Vorherrschaft ab dem 4. Jahrhundert v. Chr.[17]

Nicht »obwohl«, sondern »weil« die israelische Staatlichkeit klein und schwach, oft kaum existent war, konnten sich die Schriftgelehrten zunehmend gegen die traditionellen »Hierarchien« (wörtlich: »heiligen Ordnungen«) der Priester und Könige durchsetzen, die in den Texten auch entsprechend heftiger Kritik unterzogen werden. Auch dieser negative Zusammenhang zwischen geringer Macht und religiöser Offenbarung wurde direkt erinnert (5. Buch Mose 7,7–8): »Nicht weil ihr gegenüber anderen Völkern größer seid, hing der Herr an euch und hat euch erwählt – seid ihr doch das kleinste von allen Völkern –, nein, aus Liebe zu euch und weil er den Eid halten musste, den er euren Vätern zugeschworen hat …«

Nicht weniger als die gesamte Mythologie des Semitismus ist auf dem Medium der Alphabetschrift gewachsen – in konkret drei Transformationen, gegen die sich die Gegenmythologie des Antisemitismus bis heute stemmt:

Lineare Zukunft statt Kreislauf

Bilder und Symbole werden beim Sehen als Ganzes aufgenommen. Ihre Betrachtung hinterfragt noch nicht den geschichtslosen Kreislauf aus Leben und Tod. Doch die Alphabetsymbole markieren nur noch Laute – die Bedeutung ergibt sich erst aus dem Lesen ganzer Wörter und Sätze. Was in der Vergangenheit niedergeschrieben wurde, wird nun als Verheißung erlebt. Die Alphabetschrift sprengt den Kreislauf des Immergleichen. Ob sich »Wu« in »Wurm« oder »Wunder« vollendet, erschließt sich den Alphabetlesenden immer in der Zukunft. Alphabetschriften etablieren also nicht nur buchstäblich eine Ge-Schichten-Schreibung, sondern auch ein lineares Fort-Schritt-Verständnis mit einem hoffnungsvollen, messianischen Ziel.

Die semitischen Schriftgelehrten entwickelten nicht nur die linearen Kalender seit Beginn der Welt (Judentum), der Geburt Jesu (Christentum), der Hidschra des Propheten (Islam) und der Verkündigung des Bab (Bahai), sondern auch die Hoffnung auf das Erreichen eines göttlichen Ziels. Auch semitisch-säkulare Ideologien wie der Humanismus, Nationalismus und Marxismus haben das lineare Zeitverständnis samt den Zukunftsverheißungen geerbt. Selbst in den indischen – von Silbenalphabeten geprägten – Religionen des Hinduismus, Jainismus, Buddhismus und Sikhismus wurden jeweils Hoffnungen formuliert, individuell oder auch gemeinschaftlich aus dem Kreislauf des Werdens und Vergehens ausbrechen und zeitlose Erlösung erlangen zu können.

Der Antisemitismus beharrt dagegen auf dem zirkulären Zeitverständnis und erlebt den Fortschritt als drohenden Verfall. Nicht »naive« Hoffnung, sondern ein schonungsloses »Aufwachen« gegen die Verderber und Verschwörer und ein gnadenloser Kampf seien der einzige Ausweg.

Und in der semitischen Mythologie? – Jahrtausende, nachdem die vergleichsweise egalitären Wildbeuterkulturen durch die zunehmend autoritären und patriarchalen Agrargesellschaften abgelöst worden waren, schrieben die semitischen Schriftgelehrten alte Mythen über die Vertreibung des Urpaares aus dem Paradies in der Region des Fruchtbaren Halbmondes in Alphabeten nieder und setzten sie an den Anfang der Geschichte. Als Folge der Verletzung des Fruchttabus sei es, so klagten (!) sie, nun vorbei mit der Gleichheit, Freiheit und Gewaltlosigkeit, auch zwischen Mann und Frau.[18] Erst am Ende der Zeit erwarte jene, die in Gottes Gericht bestehen können, ein »Anteil an der kommenden Welt«, die den Glückszustand des Paradieses wiederherstelle.

Individuelle Ruhe statt sozialer Erregung

Bei der Entgegennahme des Friedenspreises des Deutschen Buchhandels in der Frankfurter Paulskirche formulierten Aleida und Jan Assmann: »Lektüre zerstreut und vereinzelt, Öffentlichkeit zieht zusammen und geht alle an.« Auch sei der Preis ein »Ehrenbürgerbrief« in der Gelehrtenrepublik der »Res publica litteraria, dem Heimatland, das keine nationalen Grenzen kennt«.[19]

Ganz egal in welcher Schrift: Wer liest oder schreibt, muss sich dazu ins eigene Innere zurückziehen und Räume der Ruhe finden. Mit der Alphabetschrift und dann noch einmal mit dem Druck beweglicher Lettern wird die Literatur immer breiteren Schichten zugänglich. Der semitische Intellektuelle sucht dabei die Räume der Individualität, weiß sich aber auch der ganzen Welt verpflichtet.

Mit genau dieser Stoßrichtung wandelten die Schriftgelehrten die keilschriftlich notierte Erfolg- und Sinnlosigkeit von Gilgameschs Begegnung mit dem Sintflut-Überlebenden Utnapischtim[20] in die alphabetisierte, endzeitliche Hoffnung auf eine »kommende Welt« für »alle Kinder Noahs« um. Gilgamesch reist und kämpft um die Unsterblichkeit, wogegen Noah (hebräisch: Ruhe, Tröster) Gott einfach ruhig – gar zu ruhig? – gehorcht. Klar, dass das biblische

Wort für Arche, »tejwa«, auch »Wort« bedeutet. Und in dieser Arche, in diesem Wort finden laut jüdisch-rabbinischer Auslegung grundsätzlich alle Würdigen ihren Platz.

Rabbi Sacks: »Der Noahbund drückt die Einheit Gottes und die gemeinsame Würde und Verantwortung der Menschheit aus.«[21] Noah wird zum Vater aller Menschen und Sem zum Vater vieler Religionen.

Heilige Alphabettexte dienten von nun an Juden und später auch weiteren Religionen, wie es Heinrich Heine formuliert hatte, »im Exile gleichsam wie ein portatives Vaterland«.[22] Sie eröffneten auch unabhängig von eigener Staatlichkeit die Potentiale zur Gründung schriftgebildeter, sozial und auch wirtschaftlich erfolgreicher Gemeinschaften und überdurchschnittlich kinderreicher Familien.

Dementsprechend wiesen Fania Oz-Salzberger und ihr Vater Amos Oz darauf hin, dass »die Kontinuität des Judentums niemals etwas mit Abstammung« zu tun gehabt habe und es also völlig irrelevant sei, ob auch sie selbst »zum Teil Nachfahren der emblematischen Chasaren und Kosaken« seien.[23] Entscheidend seien gerade nicht die Gene, sondern das Medium der Alphabetschriften. »Um eine jüdische Familie zu bleiben, musste eine jüdische Familie sich zwangsläufig auf Worte beziehen. Nicht auf irgendwelche Worte, sondern auf Worte aus Büchern.«[24] Das Medium trage den Mythos. Entsprechend unterstrichen auch Oz-Salzberger und Oz am eigenen Beispiel: »Wir Atheisten bleiben Juden, ebenfalls durch Lesen.«[25]

Doch der Antisemitismus wehrt sich sowohl gegen die vermeintlich »trügerische« Ruhe wie auch gegen die Lehre von der Rechtssicherheit für alle Menschen. Er besteht auf der Vorherrschaft der aufpeitschenden Rede gegenüber den beruhigenden Schriften. Gegen die Erkenntnisse aus Religionen, Philosophien und Wissenschaften setzt er Gebrüll und Gefühle. Statt Ruhe zu suchen gelte es, wieder in erregten Gemeinschaften um den »natürlichen« und durch Ruhm auch fast »ewigen« Platz in der Menschenleiter zu kämpfen, dabei auch die verschwörerisch-klugen Nachfahren des Sem zu vernichten.

Gleichwertigkeit statt Sklaverei

Schon die Versklavung Kanaans in der Noahgeschichte wird als Fehler und Unrecht markiert. Und gerade auch die Entwicklungsgeschichte der Alphabete spricht dafür, dass sich hinter den Mythen vom Auszug aus Ägypten und dem Erhalt der schriftlichen und mündlichen (kommentierenden) Tora am Berg Sinai nicht nur eine regionale Meuterei hebräischer Sklaven verbarg, sondern auch das »transformierende Ereignis« von der »Erfindung des Alphabets« und damit einer geistigen Befreiung zur wieder hoffbar gewordenen Gleichheit vor dem Recht.

So finden wir die ersten Vorzeichen der Alphabete in den ägyptischen Hieroglyphen, in denen 24 Konsonanten wie »R(a)«, »m« und »s« zu ersten Namen wie »Ramses« verbunden werden konnten.[26] Und die bisher ältesten »proto-sinaitischen« Alphabetzeichen aus dem zweiten Jahrtausend v. Chr. wurden in den Randzonen Ägyptens auf dem Sinai gefunden.[27]

Dazu passend behandelt schon der bislang älteste Schriftfund in hebräischer Alphabetschrift (10. Jahrhundert v. Chr., aus Khirbet Qeiyafa, etwa 30 Kilometer südwestlich von Jerusalem) Fragen der menschlichen Würde. Auf der Scherbe eines Tongefäßes finden wir mit Tinte geschrieben: »… du sollst Böses nicht tun, sondern diene dem Herrn / Gott. Trachte nach Recht für den Sklaven und die Witwe, helfe zum Recht der Waise und dem Ausländer. Tritt ein für das Kind, tritt ein für den Armen und die Witwe. Losspreche den Armen in den Händen des Königs. Schütze den Armen und den Sklaven, stütze den Fremdling.«[28]

Der Antisemitismus hält es dagegen für einen Verstoß wider die Natur, die Unterordnung von Fremden, »niederer Menschenrassen«, und die Sklaverei abschaffen zu wollen. Er behauptet, dass es Herren- und Sklavenrassen gebe und weiterhin geben müsse.

2.2 Sem und Japheth – Die Macht der Alphabete

Die Zeitforschung kennt drei Zeitformen, die Menschen »durch unmittelbares inneres Erleben zugänglich sind.« In der zyklischen Zeitwahrnehmung erscheint das Geschehen als ein ewiger Kreislauf aus Werden und Vergehen, wie wir ihn auch etwa im Tag-Nacht-Zyklus, im Jahreszeitenlauf oder in der menschlichen Biografie von Geburt und Tod erleben. Wir wissen, dass jedes Neugeborene auch wieder sterben wird. Dagegen steht die Erfahrung von »linearer Zeit«, die als in eine Richtung laufend erlebt wird. Wir können lange vergangene Ereignisse vergegenwärtigen. Auch die Konstruktion einer linearen Zukunft wird so möglich – beispielsweise können wir glauben, dass wir Verstorbene dereinst im Jenseits wiedersehen werden. Das dritte und letzte Zeiterleben ist schließlich »holistisch« – in besonderen Momenten der mystischen oder ekstatischen Erfahrung können Vergangenheit und Zukunft mit der gefühlten Gegenwart zusammenfallen.[29]

Laut dem Sprach- und Mythenforscher John Ronald Reuel Tolkien zeichnen sich die großartigsten Geschichten – Märchen, Fantasy und Mythen – dadurch aus, dass sie den Zugang zu einer solch eigenen, holistischen Welterfahrung und sogar zu »überzeitlichen Wahrheiten« eröffnen.[30] Joseph Campbell, auf dessen Mythentheorien unter anderem »Star Wars« basieren, nannte die holistische Zeiterfahrung als »Bliss« (Glückseligkeit) sogar das »primäre mythologische Motiv«, das mit dem »Zusammenbinden der Gegensätze« einhergehe.[31] Die »Star Wars«-Geschichte spielt mit der Zukunft von Raumschiffen und Laserschwertern in einer märchenhaften Vergangenheit: »Es war einmal vor langer Zeit in einer weit, weit entfernten Galaxis« – und wird damit zu einer mythischen Welt, die niemals war und doch immer sein soll.

Diese unterschiedlichen Formen, in denen Zeit erfahren und erzählt wird, haben enorme Auswirkungen auf die Ausprägung von Religionen, Weltanschauungen und persönlichen Biografien. Erlebe ich mich gemeinsam mit anderen als Beteiligter eines allgemeinen Fortschritts, der nur von einigen Reaktionären bekämpft wird? Oder gehe ich davon aus, dass wir am Ende eines Goldenen Zeitalters sind und von bösen Verschwörern an einen Abgrund gedrängt werden? Finde ich Geschichten und auch Selbsterzählungen, die für mich dazu »stimmig« und »sinnvoll« sind, mit denen ich mich also anderen und auch mir selbst verständlich machen kann?

Genau durch solche Geschichten konstruieren wir unsere persönlichen und gemeinschaftlichen Identitäten. Kleine und große Rituale – von Geburtstags- und Jahresendfeiern über das Teilen von Fotos, Museumsbesuche, Gottesdienste und Parteitage – bestätigen unsere jeweilige Zeit- und Selbstwahrnehmung.[32]

Die zyklische Zeit und die gefährliche Macht der Rede

Soweit wir wissen, war das zyklische Zeitverständnis seit Jahrzehntausenden bestimmend für die Selbsterfahrung der Menschen. Sie entsprach den alltäglichen Beobachtungen, während konkrete Ereignisse – die erste Anwendung des Feuers, der erste Dialog, der erste Speerwurf usw. – entweder vergessen oder mythologisiert wurden. Das Gegenmittel gegen den immer drohenden Rückfall ins Nichts war daher vor allem die Rede: Die Erzählung wusste Wahrheit und Hoffnung erfahrbar zu machen, die Gestalt eines Baumes oder einer Statue zu deuten, von großen Chancen zu berichten und vor großen Gefahren zu warnen. Genau so berichtet der biblische Mythos das Medium und die Strategie des ersten Antisemiten: »Da kam ein neuer König auf in Ägypten, der wusste nichts von Josef und sprach zu seinem Volk: Siehe, das Volk Israel ist mehr und stärker als wir« (2. Buch Mose 1,8).

Der Semitismus wurzelt primär im Medium der Alphabetschrift, der Antisemitismus aber im Medium der »Sprachmagie«.[33] So tönt es vom Pharao bis zu Hitler und dazwischen bei von Treitschke 1879: »Bis in die Kreise der höchsten Bildung hinauf, unter Männern, die jeden Gedanken kirchlicher Unduldsamkeit oder nationalen Hochmuths mit Abscheu von sich weisen würden, *ertönt es heute wie aus einem Munde*: die Juden sind unser Unglück!«[34]

Aber lesen und schreiben denn nicht auch Antisemiten? Woher sammelte sich nur dieses abgrundtiefe Ressentiment, dieser aus einer vermeintlich heilen Vergangenheit gespeiste Hass?

Da wir heute bereits in schriftgeprägten Welten aufwachsen, fällt es uns oft schwer, uns vorzustellen, wie tiefgreifend das zwischenmenschliche Miteinander durch die Schrift umgewälzt wurde. So hatten unsere Vorfahren über Jahrhunderttausende hinweg kulturelle und religiöse Lehren nur mit primären Medien wie Gesten und Sprachen übertragen, für die weder Sender noch Empfänger außerkörperliche Technologien benötigten. Auch die Bibel hat diesen vermeintlich heilen Urzustand – in dem es tatsächlich auch massive Konflikte, Hunger, tödliche Krankheiten und eine geringe Lebenserwartung gab – im Paradiesmythos erinnert.

Die Schrift aber war ein sekundäres Medium – der Absender benötigte zu ihrer Herstellung bereits Schreibwerkzeug –, ermöglichte den Aufbau staatlicher Hierarchien und Gesetzestexte und »drängte« sich in das gewachsene Verhältnis zwischen Lehrende und Lernenden. Den riesigen Vorteilen – die nachfolgende Generationen bald als selbstverständlich annahmen – standen damit auch massive Verluste gegenüber, gegen die sich Antisemiten bis heute emotional wehren. Hitler entschuldigte sich in der Einleitung zu »Mein Kampf« sogar dafür, dass er in Haft überhaupt begonnen hatte, ein Buch zu schreiben. »Ich weiß, daß man Menschen weniger durch das geschriebene Wort als vielmehr durch das gesprochene zu gewinnen vermag, dass jede große Bewegung auf dieser Erde ihr Wachsen den großen Rednern und nicht den großen Schreibern verdankt.«[35]

Und dieses Unbehagen an der Schrift ist uralt. Schon Sokrates (469–399 v. Chr.) habe die Einführung der Schrift durch den ägyptischen Schreibergott Thot als »Vater der Buchstaben« scharf kritisiert:

> »Nicht also für das Erinnern, sondern für das Gedächtnis hast du ein Hilfsmittel erfunden. Von der Weisheit aber bietest du den Schülern nur Schein, nicht Wahrheit dar. Denn Vielhörer sind sie dir nun ohne Belehrung, und so werden sie Vielwisser zu sein meinen, da sie doch insgemein Nichtswisser sind und Leute, mit denen schwer umzugehen ist, indem sie Scheinweise geworden sind, nicht Weise.«[36]

Während in der primären Kommunikation – dem Zuhören, der Beobachtung – die Schüler oder Jünger direkt mit dem Redner und Meister umgehen, ziehen sich Lesende und Schreibende eher in die Einsamkeit zurück und werden zu solchen, »mit denen schwer umzugehen ist«: Schriftkultur »individualisiert«,[37] was einen langjährigen Soldaten, leidenschaftlichen Diskutanten und Liebhaber rauschender Feste wie Sokrates verständlicherweise empörte. Freilich sind uns sein Name und seine Worte auch nur deswegen erhalten geblieben, weil sie sein Schüler Platon aufgeschrieben hat.

Diese scharfe sokratische Medienkritik als Abwehr gewaltiger und durchaus nicht nur positiver Umwälzungen fand selbstverständlich ebenso beim Übergang von den sekundären zu den tertiären, vor allem elektronischen Medien wie Telegrafen, Radio und Film statt, für die sowohl Sender wie Empfänger Technologien benötigen. Hierbei wurde vor allem von Schriftkundigen bemängelt, dass wenige Sender viele Empfänger durch die sogenannten Massenmedien emotional manipulieren, ausbeuten und gegeneinanderhetzen könnten.[38]

Und da derzeit die Umwälzung in quartäre, vor allem digitale Medien erfolgt – in denen Sender und Empfänger praktisch gleichzeitig auf den gleichen Kanälen kommunizieren –, finden sich wiederum Medienkritiker wie in Deutschland z. B. Manfred Spitzer, die davor warnen, dass wir alle »cyberkrank« würden.[39]

Aber Medien zeigen nicht erst beim Übergang in neue Mediensysteme ihre gewaltige Prägekraft. Schon der bekannteste Redner und Rhetoriker der Antike, Cicero, warnte aus intimer Kenntnis vor einem falschen Gebrauch der Sprache. Nach seiner Auffassung war »das eine Böse, die unbeschränkte Freiheit und Macht ihrer Versammlungen« in »ungeregelten, sitzenden« Formaten sogar der zentrale Grund für den Niedergang der Stadtstaaten von Griechenland! Denn »wenn in allen Belangen unerfahrene Männer, ignorante Neulinge ihre Sitze im Theater eingenommen hatten, dann unternahmen sie nutzlose Kriege, setzten aufrührerische Männer in Staatsämter ein und verbannten die Männer mit dem größten Patriotismus aus den Städten«. Dagegen pries Cicero die »extrem weisen und sorgfältigen« Vorfahren der Römer, die für die Republik verfügt hatten, die Redeversammlungen (contiones) im Stehen abzuhalten und von den Abstimmungen mehrere Tage zu trennen.[40]

Cicero kannte und fürchtete die Macht der populistischen Rede. Wenn die Versammlungen – wie in Griechenland – mit nur für Männer reservierten Sitzplätzen stattfanden, dann konnten begabte Redner die Zuhörer lange aufpeitschen und dann sofort zur Abstimmung aufrufen. Dagegen mussten sich römische Redner auf den öffentlichen Plätzen gegenüber den stehenden Zuhörerinnen und Zuhörern kurzfassen, sonst würden diese weglaufen. Ciceros eigene Reden dauerten zwischen 20 und maximal 60 Minuten. Und selbst dann mussten die Vorschläge mehrere Tage lang in Aushängen und also (bis heute in Parlamenten weise vorgeschriebenen!) »Lesungen« bekannt gemacht werden, bevor ihr Inkrafttreten beschlossen werden durfte.[41] Schon die römische Republik hatte schriftliche Populismus-Bremsen in ihre Staats- und Medienordnung eingebaut! Auch semitische Gottesdienste rahmen Prediger in feste Rituale und Textlesungen ein, damit die Sprache Dienerin der Schrift bleibt.

Die lineare Zeit aus dem Geist der Schrift

Gegen die lange und sicher auch emotional prägende Vorherrschaft der zyklischen Zeit erhob sich mit der Entstehung von Schrift langsam ein lineares Zeitverständnis. Vergangene Ereignisse konnten nun schriftlich fixiert und eine immer längere Vergangenheit in Chroniken und dann auch Kalendern buchstäblich »festgehalten« werden.

In den Keilschrifttafeln des Gilgamesch-Epos, des ältesten bekannten Mythos der Welt, finden wir bereits eine lineare Geschichte mit Kalenderangaben und Wegstrecken, aber noch keine Erlösung. Der mythische Utnapischtim – der Ur-Noah – wurde zum Gott erhoben, doch der Mensch kann die Unsterblichkeit selbst dann nicht mehr erlangen, wenn er König und Held geworden ist. Und weil Gilgameschs Freund und Geliebter Engidu keinen ruhmreichen Tod auf dem Schlachtfeld starb, teilt ihm dieser auch hoffnungslos aus dem Totenreich mit: »Siehe, den Leib, den du anfasstest, so dass dein Herz sich freute, den frisst das Gewürm wie ein altes Gewand.«[42] Wer also schon stirbt, solle den »Tod des Eisens« und am besten auf dem Schlachtfeld sterben!

Wir müssen dank der Zeiterfahrungen keinen angeborenen »Todestrieb« mehr annehmen, um mit Sigmund Freud die Verzweiflung am drohenden Verfall ebenso zu verstehen wie den Versuch, diesem Verfall mit Gewalt und Nachruhm zu trotzen. Als »Sinn der Kulturentwicklung« entschlüsselte Freud im »Unbehagen in der Kultur« 1929: »Sie muß uns den Kampf zwischen Eros und Tod, Lebenstrieb und Destruktionstrieb zeigen, wie er sich an der Menschenart vollzieht. Dieser Kampf ist der wesentliche Inhalt des Lebens überhaupt.«[43]

Erst die Alphabetschriften vermochten die Vorstellungen einer linearen Zeit nicht mehr nur für Einzelne, sondern für alle Glaubenden zu öffnen. Denn das leicht zu lernende Alphabet kann nicht nur leichter verbreitet werden, es wirft den Sinn auch in die Zukunft: Die einzelnen Zeichen sprechen nicht mehr für sich, sondern ergeben erst im Kontext des jeweils ganzen Wortes und Satzes Sinn. Die berühmte Kierkegaard-Aussage, wonach man ein Leben nur rückwärts verstehen könne, aber vorwärts leben müsse, ist die Erfahrung eines Alphabetlesenden: Wir können jedes Wort erst rückwärts verstehen, wenn wir es vorwärts zu Ende gelesen haben.

Nirgends wird dies so deutlich wie im Lebensverdruss des biblischen Predigers Kohelet, der selbst in der Weisheit keine Erfüllung mehr findet und beklagt, es gebe »nichts Neues unter der Sonne« (Koh 1,9). In der Weltzeit geht die Geschichte nicht auf und den Abschluss bildet die Klage, »des Büchermachens ist kein Ende, und viel Studieren macht den Leib müde« (Koh 12,12). Nun kann tatsächlich nur noch ein Gott helfen. Koh 12,14: »Denn Gott wird alle Werke vor Gericht bringen, alles, was verborgen ist, es sei gut oder böse.«[44] Auch heute noch wird bei christlichen Beerdigungen die zyklische Beobachtung Kohelets (3,20) – »Es ist alles aus Staub geworden und wird wieder zu Staub« – zitiert und dann um eine Jenseitshoffnung ergänzt.

Musikalisch genial spielt das Lied »Zu Asche, zu Staub« der Filmreihe »Babylon Berlin« mit genau diesem Thema, dabei auch Kohelets »Haschen nach dem Wind« (Koh 2,26 et al.) zitierend: Ohne Jenseitshoffnung wird das Publikum in den Verfall der Weimarer Republik gestoßen, deren Hauptstadt – gleichzeitig Babylon und Berlin – dem gewaltbereiten Antisemitismus der NSDAP nur noch die Ekstase des Augenblicks entgegensetzen kann. Auf den Verlust der Zukunftshoffnung folgt ein letztes Aufbäumen entzügelten Lebensdurstes, dann der Zusammenbruch von Rechtsstaat und Demokratie.[45]

Die semitische Antwort auf die Verzweiflung von Gilgamesch und Kohelet brauchte freilich Jahrhunderte, und noch zu Zeiten Jesu bestritten die Sadduzäer als Vertreter des Tempels die Auferstehung der Toten, die von den schriftorientierten Pharisäern und Rabbinern bereits erhofft und schließlich für alle semitischen Religionen durchgesetzt wurde.

2.3 Zwei Alphabete, zwei Religionen

Die unterschiedliche Gestalt der Alphabetschriften erklärt aber nicht nur die Herausbildung des Judentums, sondern auch das Auseinanderbrechen von Juden- und Christentum sowie später von Religion und Wissenschaft.

Denn aus dem semitischen Alphabet entwickelte sich im ersten Jahrtausend v. Chr. – der »Achsenzeit« (Karl Jaspers) – über das Phönizische schließlich das Griechische und Lateinische. Dabei wurde nicht nur die ursprüngliche Bedeutung der Zeichen wie Aleph = Rind beim Übergang zum griechischen Alpha abgeschnitten, sondern die Schrift wurde auch vokalisiert. Während eine Leserin des Hebräischen und später auch Arabischen zwischen den Konsonanten die meisten Vokale »hinzulesen« und mitunter mehrere Varianten durchspielen muss, sind vokalisierte Alphabete schneller und vor allem eindeutiger zu lesen.

Dies ist leicht zu testen. Alle bisherigen Sätze in diesem Buch waren vollvokalisiert. Dch s st mglch, dsn Txt gnz hn Vkl z lsn. Bestimmt ist es Ihnen gelungen. Freilich ergeben sich sofort mehrere Deutungsmöglichkeiten, die in einem vokalisierten Alphabet nicht bestünden. Bedeutete »Vkl« nun »Vokal« oder Mehrzahl »Vokale«? Und ging es darum, den Text zu »lesen« oder zu »lösen«?

Es ist sehr schwer, in vokalarmen Alphabeten »keine« Mehrdeutigkeit zu erzeugen, weswegen Tora und Koran zur Reduzierung der Auslegungsräume sogar mit kleinen Vokalzeichen ergänzt wurden. Auf ungeübte Leser wirkt die häufige Praxis etwa im Talmud, durch den Tausch einzelner Buchstaben völlig neue Lesarten zu eröffnen, zunächst oft verwirrend, wenn nicht gar beliebig.

Dies gilt auch für jenen Noahsohn, den die rabbinische Auslegung als Vorfahren der Europäer identifizierte: Japheth. Er wurde mehrheitlich vom aramäischen »sich ausbreiten« hergeleitet, aber auch vom hebräischen »schön«. Die noachidische Geschichte hebt das würdevolle Verhalten Japheths an der Seite Sems hervor, und im noachidischen Segen wird ihm nicht nur eine große und weit verbreitete Nachkommenschaft zugesagt, sondern auch ein gemeinsames Leben »in den Zelten Sems«. Während Sem zum Lehrer von Religion und Recht – der Mythen – wurde, wurde Japheth zum mythologischen Urahn der Europäer.[46]

In dieser Tradition weist Rabbi Sacks darauf hin, dass »die Griechen und Israeliten der Antike uns den denkbar schärfsten Kontrast zwischen einer ›linkshirnigen‹ und ›rechtshirnigen‹ Kultur bieten.« Ihre »kognitiven Stile waren unterschiedlich, wie auch ihre Alphabete in gegenläufige Richtungen geschrieben wurden.« Entsprechend hätten sie der Welt Unterschiedliches hinterlassen. »Die Griechen gaben der Welt ihre Philosophie und Wissenschaft.

Die Juden, ihrerseits, gaben ihre Propheten und ihren religiösen Glauben.«[47]

Und tatsächlich: Wo Wort für Wort Vokale assoziiert werden müssen, entsteht ein inneres Netzwerk aus fast unendlichen Bedeutungen und Querverbindungen – perfekt für Mythen und Auslegungen. Und die rechte Gehirnhälfte, in der Bildarbeiten schwerpunktmäßig bearbeitet werden, wird so intensiv beschäftigt, dass jede weitere Belastung durch Bilder und Musik abgelehnt wird.[48] Hebräisch und später Arabisch eignen sich also sehr gut für die Grundlegung und Erfahrung von Mythen eines bildlosen Monotheismus. Griechisch, Latein und alle weiteren vokalisierten Alphabete wie Deutsch und Englisch eignen sich dagegen für präzise und eindeutige Analysen, Philosophien und Wissenschaften.

Gott – nicht im Tempel, sondern in der Schrift

Die hebräisch-semitischen Schriftgelehrten verlegten im ersten Jahrtausend v. Chr. als Erste das »kulturelle Gedächtnis« ihres bedrohten Volkes aus der mündlichen Überlieferung in komponierte Texte, vollzogen eine »Auswanderung in die Schrift«.[49] Durch sie kam es zur Begründung jener besonderen Form von Buch- und Schriftreligion, in der Heilige Schriften an die Stelle von Götterstatuen traten und von möglichst vielen gelesen werden sollten.[50] Besonders starke Schübe erfuhr diese Neuformatierung der Religion in Zeiten der Krise. So hatte der babylonische Herrscher Nebukadnezar II. um 587 v. Chr. Jerusalem und dessen Tempel zerstört und Jüdinnen und Juden als Gefangene in sein Reich deportiert.

Im damaligen Machtgefüge galten Schriftkundige nur als Verwaltungsbeamte und babylonische Lohnlisten wiesen ihnen den gleichen Lohn wie Maurern zu: täglich einen Liter Bier, Brot und einen halben Liter Eintopf aus gekochtem Getreideschrot, an guten Tagen mit Bohnen und Kichererbsen.[51] Doch die judäischen

Schriftgelehrten ergriffen die Chance des Exils, die sich ihnen gerade auch nach der Absetzung der Herrscher und Priester bot: Sie verlegten das »kulturelle Gedächtnis« ihres bedrohten Volkes aus dem zerstörten Tempel und der mündlichen Überlieferung in vokalarm rezitierbare Texte. Sie vollzogen eine »Auswanderung in die Schrift« und schufen einen weltweit zugänglichen religiösen Lese- und Vorstellungsraum mit einer einheitlichen Deutung der Geschichte von der Erschaffung der Welt und Menschheit bis zur babylonischen Gefangenschaft.[52]

Dabei nahmen sie nicht nur für neuere Texte zusätzlich zum Hebräischen die praktische assyrische Quadratschrift auf, sondern verarbeiteten auch Varianten des uralten Gilgamesch-Epos. Darin trifft der Held unter anderem auf »Utnapischtim, den Fernen« und dessen Frau, die auf einer Arche die Sintflut überlebt und damit Unsterblichkeit erlangt hatten.[53] In Babylon erreichte die »Text- und Sinnpflege« der Schreiber ihren Durchbruch und wurde religions- und kulturprägend.[54]

Kaum ein Name von Hunderten solcher Schreiber und Lehrer ist erhalten, verstanden sie sich doch nicht als Urheber, sondern als Diener von Texten und Überlieferungen, die bis zu Gottes Erschaffung der Welt zurückreichten. Besonders verbunden fühlten sie sich aber Sem, von dem erzählt wurde, er sei ihr ferner Vorfahr und habe als Erster ein Lehrhaus begründet und die Größten seiner Zeit unterwiesen.[55] »Die frühesten Bücher hatten keine Autoren, sondern bestanden aus Figuren, Geschichten und Bildern.«[56]

Noch bis ins zweite Jahrtausend n. Chr. war es zudem üblich, dass Gelehrte vor und neben ihrer Schreib- und Lehrtätigkeit einem Erwerb nachgingen und ihre Familien ernährten. Von vielen großen Rabbinern wurden die Berufe überliefert: Hillel war Holzfäller, sein häufiger Kontrahent Schammai Bauarbeiter, Rabbi Jochanan ben Zakkai war Schuster, Rabbi Jizchak Hufschmied.[57] In die Nachfolge Sems zu treten hieß nicht, einen bestimmten Beruf zu ergreifen, sondern eine bestimmte Lebensform zu wählen.[58]

Aber ob reich oder arm: Wer liest, schreibt und wiederum gelesen wird, übt Macht aus und entscheidet mit, was überhaupt und wie erinnert wird. In den liberalen Rechtsstaatsdiskussionen taucht daher neben Regierungen (die vor allem Texte erlassen), Parlamenten (die vor allem Gesetzestexte beschließen) und der Justiz (die Gesetzestexte in schriftlichen Urteilen auslegt) schließlich »die Presse« als »vierte Gewalt« auf, die die anderen »Gewalten« wiederum per Textproduktion kontrolliert, kritisiert und verbessert.[59] Jahrtausende nach Sem schreibt Jörg Magenau: »Gelesen wird immer, denn sonst ist der Mensch kein Mensch und schon gar kein geschichtliches Wesen.«[60]

Rabbi Leo Trepp erinnerte daran, dass die in Babylon eingeleiteten semitischen Reformen des Judentums »so genial und zweckmäßig« gewirkt hätten, »dass die neuerarbeitete Glaubensform allen abendländischen Religionen als Muster und Vorbild gedient hat«. Aus erblichen Priesterschaften seien nach Begabung ausgewählte Lehrer und aus passiven, Rituale und Statuen Beschauenden in Tempeln aktive Mitwirkende in Lehrhäusern geworden. »Hieraus entsprang die Institution des Gotteshauses der abendländischen Religionen. Statt der Opferhandlungen bildete nun die Tora den Mittelpunkt des Gottesdienstes.«[61]

Der Wechsel vom »Kult zum Buch«, der »jüdische Monotheismus, das Prinzip der Offenbarung und der aus diesem Prinzip entwickelte und sich immer mehr steigernde Abscheu gegen traditionelle Formen des Kultes« entstanden so aus »dem Geist der Schrift« – aus den vokalarmen Alphabeten.[62]

In Babylon griffen die semitischen Schreiber gerade auch die jahrtausendealten Überlieferungen aus den Keilschrift-Alphabeten mit psychologischer Präzision auf und legten die Grundlagen der Bibel als bedeutungsvolles »Tagebuch der Menschheit«.[63] Aus

Keilschrift-Tontafeln aus dem nordsyrischen Ugarit wurde zuletzt auch eine polytheistische Vorform der Paradieserzählung aus dem 13. Jahrhundert v. Chr. übersetzt. Demnach sei das Götterpaar El und Asherah von einer bösen Schlangengottheit um die Unsterblichkeit gebracht worden, sodass die beiden stattdessen begonnen hätten, menschliche Nachkommen zu zeugen. Das Ganze war verortet an den Berghängen des Ararat, dem späteren biblisch-mythischen Landeplatz der Arche Noah.[64]

In der semitischen Lesart der entstehenden Tora vertrieb der von der tückischen Schlange angeregte Griff nach der tabuisierten Frucht – die erst im Lateinischen als Apfel, davor auch als Weizen übersetzt wurde – die ersten Menschen aus paradiesischen Zuständen des Wanderns und Sammelns in die Welt des mühsamen Ackerbaus und forcierten Kinderreichtums. Dort erwarteten sie brutale Verhärtungen auch der vorher freieren Geschlechterrollen, zunehmende Scham und Kleidungszwänge, immer neu drohende Krankheiten sowie schließlich die eskalierenden Konflikte zwischen Ackerbauern und Städtern (Kain) mit Viehzüchtern (Abel).[65] Die Gottheit El ging im jüdischen Eingott Eloha (Merzahl Elohim) auf, wurde zum beliebten Namensbestandteil (Isra-el, Micha-el, Gabri-el usw.) und später im Arabischen zu Allah.[66]

»Als die Tora vom Volke Israel vergessen wurde«, so wird überliefert, »kam Esra, der Schreiber, nach Babylonien, um sie ihm ins Gedächtnis zurückzurufen«. Dieser Esra führte laut Bibel schließlich die Rückkehrer an, die unter dem zoroastrischen König Kyros den Tempel und die Religion in Israel wiedererrichten durften.[67]

Doch viele blieben in Babylon. Ihre Nachfahren legten später die größte Sammlung von Bibelauslegungen an, den »Babylonischen Talmud«. Das uralte Judentum im heutigen Irak wurde erst durch die Vertreibung der zuletzt etwa 140.000 Jüdinnen und Juden aus dem Land nach der Staatsgründung Israels ausgelöscht.[68]

Wenige Jahrhunderte nach dem Exil wurde Jerusalem samt dem wiederaufgebauten Tempel noch einmal zerstört. Die jüdische Tradition benannte als Ursache dafür selbstkritisch den »Sinat Hinam«, den »grundlosen Hass«. Im Volk Israel habe es zu jener Zeit extremistische Strömungen gegeben, die nicht nur die Römer, sondern auch einander bekämpften. Im Talmud fand dies in der mythologischen Geschichte von Kamza und Bar-Kamza ihren Niederschlag, die sich so in ihre gegenseitige Feindschaft hineingesteigert hätten, dass sie einander schließlich beim römischen Kaiser denunziert und das Desaster über ihr Volk gebracht hätten.

Zum Frieden mahnende Stimmen wie gelehrte Rabbiner oder auch Flavius Josephus seien, so berichten auch nicht-talmudische Quellen, in den Straßen Jerusalems mit Steinen beworfen worden. Noch als die Stadt schon von römischen Truppen eingeschlossen war und hungerte, hätten sich konkurrierende Radikale gegenseitig bekriegt. »Sicarier«, Dolche nutzende Selbstmordattentäter, verbreiteten Terror und stachen Andersdenkende, darunter auch einen Hohepriester, nieder.

Als ihn alle Friedensappelle nur selbst zur Zielscheibe der Extremisten machten, habe sich schließlich Rabbi Jochanan ben Zakkai – ein in mehreren Sprachen leidenschaftlicher Leser und Lehrer – in einem Sarg aus der belagerten Stadt schmuggeln lassen und bei General Vespasian um die Erlaubnis zum Erhalt einer Schule in Jabne gebeten. Während die Radikalen in Jerusalem gemeinsam mit der Stadt und dem Tempel untergingen, sei von dieser buchstäblich semitischen und friedfertigen Schule aus der Wiederaufbau des dann rabbinischen Judentums ausgegangen, schreibt Elie Wiesel.[69]

Vitalisierende Verschriftung

Erneut konnte sich das Judentum reorganisieren, wo andere, vorschriftliche Religionen untergingen. Wenige Jahre vor der Zerstörung Jerusalems hatten römische Truppen z. B. auch die heiligen Haine der keltischen Druiden auf Anglesey zerstört. Das von antiken Autoren wie Poseidonios, Plinius dem Älteren und auch Julius Cäsar durchaus gewürdigte Druidentum löste sich in der Folge auf und kann heute nur noch über nichtkeltische Schriften, später aufgeschriebene Legenden sowie archäologische Grabungen in Grundzügen rekonstruiert werden.[70] Neopagane Wiederbelebungsversuche des Druidentums der Neuzeit blieben zahlenmäßig klein und von Rechtsextremismus sowie Antisemitismus geplagt.[71] Warum also konnte das von antiken Autoren vielfach geschmähte Judentum so viel schlimmere Zerstörungen der heiligen Stätten sowie die Vertreibung nicht nur der Priesterschaft überleben?

Jüdinnen und Juden vermochten sich über ihre Schriften und ihre Bildung an den Gott ihrer Tradition und damit auch an ihre zerstreuten Gemeinschaften zurückzubinden, sogar Konvertitinnen und Konvertiten zu gewinnen. Dagegen formulierten schon frühe Antisemiten Verschwörungsmythen: Der Erfolg der Juden – und dann auch der frühen Christen – entstamme der Verschwörung der auch körperlich »Aussätzigen« mit bösen Mächten sowie deren materiellem und geistigem Diebstahl.

So führt der bis heute gelesene römische Historiker Tacitus in seinen »Historien« von 106/107 n. Chr. Mose als einen täuschenden Anführer von aus Ägypten »Verbannten«. »Der Juden Macht« geht laut Tacitus darauf zurück, dass sich ihnen »jeder Nichtswürdige« angeschlossen habe, »der seine vaterländische Religion verachtete« und »Beisteuern und Gaben« eingebracht habe. Zudem würden die Juden und Christen, die Tacitus noch als Angehörige des gleichen Glaubens wahrnahm, »untereinander selbst hartnäckige Treue und bereitwillige Barmherzigkeit beweisen, gegen alle

Übrigen dagegen Feindeshass«. Durch ihre Speise-, Wohn-, Sexual- und auch Beschneidungsgebote würden sie sich »absondern«. Gleichzeitig gelinge es ihnen jedoch, »für die Vermehrung des Volkes Sorge« zu tragen. Zumal sie »die Feldfrucht einst im Raube genossen« hätten, habe »Ruhe ihnen am siebenten Tage gefallen«, zudem sei »das siebente Jahr dem Müßiggang geweiht«.[72]

Noch bis ins 18. Jahrhundert hielt sich unter Gelehrten die Erzählung, Mose habe sein Wissen »in den ägyptischen Mysterien« gelernt und dann rebellischen und räuberischen Hebräern verraten.[73] Dieser Mythos konnte danach bruchlos auf den vermeintlichen Diebstahl »der Semiten« von den »indischen Ariern« übertragen werden.[74]

Tatsächlich wurden der religiöse und gemeinschaftliche Zusammenhalt, die gehobene Bildung und der folgende, oft auch wirtschaftliche Erfolg von Jüdinnen und Juden möglich durch die Eigenheiten des vokalarmen hebräischen Alphabets. Schriftkundige konnten ihren biblischen Lese- und Erfahrungsort, ihren »heiligen Hain«, in Manuskripten und Schriftrollen buchstäblich mit sich tragen, in Lehrstuben und Synagogen entfalten. Bis heute »funktionieren« auch die Tora und der Koran in der Schriftlesung nur in ihren Originalsprachen. Nur in Hebräisch oder Arabisch gelesen vermögen sie die Lesenden in der Rezitation zu erfüllen, sie aus der linearen Zeit in die holistische Erfahrung zu führen. Navid Kermani hat dieses nicht nur intellektuelle, sondern ästhetische Erleben prägnant auf den Punkt gebracht: »Gott ist schön.«[75]

Deswegen »verstummten« die Buchstaben auch, als die Tora in die griechische Septuaginta und die lateinische Vulgata übersetzt wurde. Intensives Rezitieren einer vollvokalisierten Schrift führt nicht an den bildlosen Thron des Höchsten, sondern zu Erschöpfung und Kopfschmerzen. Der Wechsel des Schriftmediums wirkte sich für das religiöse Erleben sehr viel stärker aus als jede inhaltliche Veränderung, die Übersetzungen immer mit sich bringen.

Der Talmud konnte es also tatsächlich bei wenigen Aussagen etwa zum Jenseits belassen, da sich intensive religiöse Erfahrungen schon im Torastudium einstellten. Die vor allem griechisch lesenden Juden und immer mehr Nichtjuden, die die ersten christlichen Kirchen bildeten, fanden dazu aber keinen Zugang. Die semitischen Mythen waren da und das Lukasevangelium betont ausdrücklich Jesu Herkunft von Sem (Lk 3,36), aber die begleitenden Erfahrungen blieben aus. Als Lesende vollvokalisierter Alphabete tendierten daher christliche Gemeinden bald zu Ergänzungen der Schriftlesungen durch eine dramatische Passionsgeschichte, durch Gottesdiensträume mit Musik, Bildern, gar Statuen und schließlich zur Übernahme von griechischer Philosophie und römischem Recht in die wachsenden Kirchen.

Beinahe – wir haben bereits von Marcion gelesen – hätte das entstehende Christentum sogar seine semitischen Mythen gekappt und verleugnet. Zwischen dem in Hebräisch zu lesenden Judentum und dem in Arabisch zu lesenden Islam wirkt das in zahlreichen, immer vokalisierten Alphabeten zu lesende Christentum auch heute noch wie der groß geratene und etwas seltsame Bruder. Wiederum Navid Kermani erkundete aber auch diese bilderreiche, in eigener Weise schöne und multimedial erfolgreiche Neuausrichtung der religiösen Erfahrung in »Ungläubiges Staunen: Über das Christentum«.[76]

Wie stark diese unbewusste Wirkung der Alphabetmedien auch vorbewusst wirkt, lässt sich auch an der Schriftrichtung erkennen. Da das Assoziieren der Vokale wie erwähnt im menschlichen Gehirn vor allem rechtshemisphärisch bearbeitet wird, wurden – und werden – alle vokalarmen Alphabete von rechts nach links (linksläufig) gelesen. Doch kaum waren die Alphabete vokalisiert worden, funktionierte das nicht mehr. Schon zwischen dem 8. und dem 6. Jahrhundert v. Chr. begannen die Griechen daher »boustrophedon« – wie ein Ochse pflügt – zu schreiben. Danach setzte sich die rechtsläufige Schreibweise für alle vokalisierten Alphabete bis in unsere Tage durch.[77]

2.4 Der arabische Islam zwischen Semitismus und Antisemitismus

Im islamischen Selbstverständnis nahm die nur in Arabisch zu rezitierende Offenbarung des Korans im 7. Jahrhundert n. Chr. einerseits auch die Botschaft des Messias Jesus in sich auf, wies aber andererseits Menschen-, Bilder- und gar Statuenverehrung zurück und re-formierte die Religion auf ihre bildlosen semitischen Ursprünge. Das für vokalarme Alphabete charakteristische Miteinander aus Ein- und Mehrdeutigkeit benennt der Koran auch selbst (Sure 3, Vers 7): »Er ist es, der dir das Buch herabgesandt hat: Es enthält eindeutige, grundlegende Verse, die verschieden gelesen werden können.«

Allerdings gab es zu Zeiten des Propheten mehrere Schreibweisen des Arabischen, so das mutmaßlich von Muhammad und Ali verwendete *Hidschazi* und das vor allem von den Juden der Region verwendete *Yahouddyyeh*. Insbesondere die frühe Zeit des Islams ist dabei von einem starken Dialog mit Juden und Christen sowie von einer starken Hinwendung zum Judentum gekennzeichnet, bis hin zur Ausrichtung der Gebetsrichtung (qibla) nach Jerusalem. Auch einem schreibkundigen Christen und Verwandten des Propheten, Waraqa bin Naufal, wird eine große Bedeutung zuerkannt. Die islamische Überlieferung berichtet zudem von frühen, mehrsprachigen Schreibern (»Sekretären«) des Korans wie dem auch Hebräisch beherrschenden Zeyd ibn Thabit – dem Mohammad wegen seiner Bedeutung die Teilnahme an Kämpfen verboten haben soll – und dem vom Judentum konvertierten Abu Huraira. Erst der dritte Kalif (Stellvertreter, Nachfolger) Uthman ließ Jahrzehnte nach dem Tod des Propheten den Koran in der arabischen Kufi-Schrift unter Aufsicht von Zeyd ibn Thabit kanonisieren und abweichende Versionen verbrennen. Überlebende Manuskripte wie auch auf Felsen gezeichnete Hidschazi-Fragmente belegen jedoch die Vielgestaltigkeit des Ur-Korans nicht nur im Inhalt, sondern auch in den Alphabeten, in denen die Offenbarung niedergeschrieben wurde.[78]

Die nun auch mit Gewalt durchgesetzte Lehre eines vermeintlich »unverfälschten« Korans im Gegensatz zu den vermeintlichen »Verfälschungen« von Juden und Christen richtete sich also mindestens ebenso gegen abweichende muslimische Lesarten wie gegen die älteren Religionen. Sie zeigt sich beispielsweise darin, dass sich die islamische Tradition in der Abrahamsgeschichte für die Opferung Ismaels aussprach, obwohl im Korantext selbst nur vom »Sohn« die Rede war und damit, fast nebenbei, alle Bibelmanuskripte als Fälschungen beschuldigt wurden. Auch in den erst Jahrhunderte nach dem Propheten niedergeschriebenen Hadithen (»Überlieferungen«) äußert sich zunehmender antisemitischer Hass. So wurden Schilderungen über die Kämpfe der frühen Muslime mit einigen jüdischen Stämmen mutmaßlich radikalisiert und wiederum als Vorboten einer endzeitlichen Vernichtung aller Juden gedeutet.[79]

Wie schon zuvor im Christentum drangen antisemitische Mythen und Auslegungen tief in die ursprünglich semitische Religion ein – und entfalten ihre verhängnisvollen Wirkungen bis heute. Obwohl es Jüdinnen und Juden in den islamischen Reichen meist besser erging als in Europa, blieben auch sie nicht von Diskriminierungen und Pogromen verschont.

So ließ Sultan al-Hakim 1009 nicht nur die Grabeskirche in Jerusalem zerstören, sondern auch Christen *und* Juden blutig verfolgen. Dies änderte freilich nichts daran, dass sich in Europa umgehend das antisemitische und verhängnisvolle Gerücht verbreitete, »die Juden« hätten den Sultan zu diesem Frevel angestiftet.[80]

Lange hatten Jüdinnen und Juden insbesondere im islamisch beherrschten Andalusien vergleichsweise gut leben können – bis es in den Jahren 1066 und 1090 in Granada zu gleich zwei blutigen Massakern an ihnen durch die muslimische Mehrheit kam. Ein erhaltener muslimischer Aufruf zum ersten Pogrom, bei dem auch der Königspalast gestürmt und der jüdische Wesir (Regierungschef) ermordet wurde, benennt Neid als Hauptmotiv und wirft den Juden kollektiv Vertragsbruch vor:

> »Betrachtet es nicht als einen Glaubensbruch, sie zu töten. Der Glaubensbruch wäre, sie weitermachen zu lassen. Sie haben unser Abkommen mit ihnen gebrochen, wie könnt ihr gegen die Übertreter schuldig sein? Wie können sie sich auf einen Vertrag berufen, wenn wir im Schatten stehen und sie hervorragen? Jetzt sind wir erniedrigt, stehen unter ihnen, als ob wir die Falschen wären und sie die Wahren!«[81]

So gerieten Jüdinnen und Juden immer stärker zwischen die Fronten von Muslimen und Christen. Auch das hat sich im heutigen Nahostkonflikt nicht geändert: Islamfeinde wie der norwegische Rechtsterrorist Anders Breivik vereinnahmen Israel als vermeintlichen Rammbock gegen Araber und Muslime, wogegen muslimische und linksgerichtete Antisemiten das Land als »kleinen Satan« dem »großen Satan«, den christlich geprägten USA, zurechnen. So werden Extremismus und Terrorismus über dualistische Mythen befeuert, vor allem auch regionale Dialoge und die Suche nach ausgleichenden Friedensschlüssen erheblich erschwert.

Dass Verschwörungsmythen in der islamischen Welt eine so mächtige Wirkung entfalten konnten und können, liegt übrigens an einer medienpolitischen Entscheidung aus dem Jahr 1485. Damals erließ Sultan Bayazid II. das Verbot des Drucks arabischer Lettern. Sein Sohn Selim, der erste Kalif der Osmanen, bestätigte dieses Tabu 1515 für die gesamte islamische Welt. Und in arabischen Lettern wurde nicht nur der Koran geschrieben, sondern auch Osmanisch, Persisch, Urdu. Um 1800 konnte rund die Hälfte der deutsch- und englischsprachigen Menschen Europas lesen und schreiben – aber nur zwei Prozent der Menschen im Osmanischen Reich.[82] Die einst führende Zivilisation war in eine Bildungs- und Identitätskrise gestürzt worden, von der sie sich bis heute nicht erholt hat. Bis heute suchen Millionen Muslime die Erklärung dafür in antisemitischen Verschwörungsmythen.

2.5 Buchdruck und Reform in der christlichen Welt

Wenn wir die Bedeutung der Alphabetmedien erfasst haben, so wird umgehend auch die Bedeutung neuer Medien für die Alphabetisierung und die Schicksale von Semitismus und Antisemitismus deutlich.

Das Christentum hatte seine Entstehung und schnelle Ausbreitung einerseits der Übersetzung der Bibel ins vollvokalisierte Griechisch zu verdanken – und dem damit verbundenen Wechsel von der schwer herzustellenden Schriftrolle in das leichter und günstiger abzuschreibende Buchformat des Codex. Dabei entstanden von Kirche zu Kirche so viele unterschiedliche Schrift- und Dokumentvarianten, dass bis heute jede christliche Konfession eigene Zusammenstellungen »ihrer« Bibel hat.[83]

Die Einführung des Zölibats für Priester, Mönche und Nonnen stellte einen Kompromiss zwischen Semitismus und griechischem (Laien-)Priestertum dar: Einerseits verhinderte das – lange umkämpfte – Verbot von Priesterfamilien die Entstehung einer erblichen Priesterkaste. Andererseits aber wurde die Alphabetisierung enorm gebremst, da Schriftlichkeit oft nur in spezialisierten Schulen und Klöstern, kaum in Familien weitervererbt wurde.[84] Auch verschärfte die Herabsetzung von Frauen, von Sexualität und von Familien- gegenüber dem »Geistesleben« dualistische, zum Teil aus dem Manichäismus übernommene Mythen. Die priesterlichen »Weiheämter« standen nun zwischen einer vermeintlich »gefallenen Welt« – mit der Welt verfallenen Juden und Frauen – und einem vermeintlich entrückten, »rein geistigen« Jenseits.[85]

Die vor allem gegen Muslime und Juden gerichteten, aber auch französische Katharer (»Ketzer«) und orthodoxe Christen treffenden Kreuzzüge stellen nicht nur einen militärischen, sondern auch geistesgeschichtlichen Einschnitt in der christlichen Geschichte dar. Antimuslimische und antijüdische Verschwörungsmythen wurden europaweit aufgepeitscht, eigens gegründete Ritterorden bekamen Zulauf. Im Namen des Dualismus gerechtfertigte Massaker in Konstantinopel, Beziers (Frankreich) und Jerusalem hinterließen bleibende Spuren und weckten ein bis heute reichendes Misstrauen gegen »Rom«.

Mit der Niederlage der christlichen Truppen im »Heiligen Land« begann zudem die Suche nach Schuldigen: Die päpstliche Zerschlagung des Templerordens ab 1312, unter anderem unter dem Vorwurf der Verschwörung mit Muslimen, Juden und dem teuflischen »Baphomet« (eine dämonisierte Variante von Mohammed), gehört bis heute zum festen Bestandteil von Verschwörungsmythologien. Die Vorstellung, dass die Militär- und Weltgeschichte von bösen, buchstäblich ver-schworenen (durch Schwüre verbundenen) Geheimgruppen aus Juden, Christen und Muslimen bestimmt werde, setzte sich zunächst in Europa und später auch im Orient fest.[86] Als z. B. US-Präsident George Bush sen. nach den Anschlägen des 11. September 2001 von einem »Crusade against Terror« (»Kreuzzug gegen den Terror«) sprach, löste er eine auch digitale Flut von Verschwörungsmythen aus und stärkte Radikale aller Seiten, die die heutigen Konflikte als Fortschreibung der damaligen Machenschaften erzählen.

Die ebenfalls stattfindenden Prozesse von Begegnung und Austausch aus jenen Jahrhunderten gerieten dagegen weitgehend in Vergessenheit. Immerhin: Mit großer Wirkung schilderte z. B. der amerikanisch-jüdische Schriftsteller Noah Gordon in seinem internationalen Bestseller »Der Medicus« (1986), dass sein christlicher Romanheld Rob Cole aus London als Jude verkleidet bis ins muslimisch-persische Isfahan reisen musste, da sich damals dort die führenden Stätten der Medizin und der Gelehrsamkeit befanden.[87]

Noch bis ins 15. Jahrhundert schien der Islam nicht nur militärisch, sondern auch intellektuell und wissenschaftlich das Christentum zu überflügeln – nicht zuletzt durch die Entstehung bedeutender, mehrsprachiger Gelehrtenfamilien und sogar -dynastien. Auch riesige Zerstörungen z. B. von Bagdad durch Mongolen und Turkvölker konnten durch die Bekehrung von deren Nachfahren teilweise kompensiert werden. Um 1453 eroberten die Osmanen dann Konstantinopel, das einstige Byzanz / Ostrom. Die Weltstadt wurde zur neuen Hauptstadt des Osmanischen Reiches, das bald tief nach Europa reichte.[88]

Doch eine große Wende war auf den Weg gebracht: Um 1450 hatte der Mainzer Goldschmied Johannes Gutenberg die erste Druckerpresse mit beweglichen Lettern erfunden. Als Vorlage dienten ihm asiatische Maschinen, die es seit Jahrhunderten gab – die jedoch wegen der großen Zahl von Schriftzeichen nur ganze Bilder oder Seiten nachdrucken konnten. Machen wir uns bewusst: Wieder ermöglichte erst die besondere Form des Alphabetes – mit unter 30 Buchstaben – die mediale Revolution. Die bis heute noch kaum erfasste Reichweite dieser Erfindung fasste der Medienwissenschaftler Marshall McLuhan im 20. Jahrhundert unter den Begriffen der »Gutenberg-Galaxis« (!) und der daraus folgenden »Entstehung des typographischen Menschen« (!!) zusammen.[89] Bis heute schreiben und sagen wir »Pressefreiheit«, auch wenn wir über elektronische Medien wie Radio und Fernsehen oder über digitale Medien sprechen.

Und hier nun gabelten sich die Wege der Religionen: Vor allem in Mitteleuropa und dann auch in Amerika setzten sich Druckerpressen durch und beschleunigten und verbilligten die Schriftproduktion. In der Folge explodierte die Alphabetisierung – und die Kirche zerbrach. Der Erfolg von Reformatoren wie Luther und Calvin sowie auch die Entstehung ganzer die Kindertaufe ablehnender Täuferbewegungen (Mennoniten, Amish, Baptisten u. v. m.) lassen sich nicht ohne das Rattern der Druckerpressen erklären.

Doch erwartbar ging die Ausbreitung von semitischen und antisemitischen Mythen Hand in Hand: Frauenfeindlich-antisemitische Druckwerke wie der Bestseller »Der Hexenhammer« (1486) warfen vor allem Frauen vor, sich an Teufelsbünden und am »Hexensabbat« (!) zu beteiligen. Gerade nicht im Mittelalter, sondern in der frühen Neuzeit zwischen dem 15. und 18. Jahrhundert starben Zehntausende unschuldige Opfer unter dem Verschwörungsvorwurf der Hexerei. Und dieser fordert auch heute noch Opfer in sich erst alphabetisierenden Regionen Afrikas und Indonesiens.[90]

Schon 1508 warb der selbst vom Judentum zum Christentum konvertierte Johannes Pfefferkorn für die Verbrennung jüdischer Bücher, um Juden endlich zur Taufe zu zwingen. Dem stellte der christliche Humanist Johannes Reuchlin ein »semitisches« Rechtsgutachten entgegen, das Besitz und Nutzung jüdischer Bücher verteidigte. Die folgende, mit immer mehr Beteiligten eskalierende »Judenspiegel«-Debatte fand vor allem durch Druckwerke statt und gilt heute als erster öffentlicher Gelehrtenstreit in einer europäischen Volkssprache. Fast hätte sie Reuchlin Freiheit und Leben gekostet.[91]

Martin Luther – Vom Reformator zum Antisemiten

In keinem Menschen bündelten sich Glanz und Elend des Buchdrucks so sehr wie in Martin Luther. So hatte er für seine Bibelübersetzung noch mit Juden korrespondiert und in seiner Schrift »Daß Jesus Christus ein geborner Jude sei« von 1523 um Toleranz und Sympathie für die religiöse Minderheit geworben. Doch mit zunehmendem Alter manifestierte sich auch der Nachteil vokalisierter Alphabete in ihm: der Drang zu vermeintlich absoluter Eindeutigkeit. Abweichende Auslegungen der Bibel – ob von Christen oder Juden – ebenso wie die Existenz des Islams deutete Luther zunehmend dualistisch als Werke des Teufels.

Nicht zufällig bildete das 1538 gegen eine christliche Sondergruppe geschriebene »Wider die Sabbather« den Auftakt zu Luthers eskalierendem Antisemitismus. Denn inhaltlich nachvollziehbar hatten Christen bei der Lektüre der Bibel entdeckt, dass dort vom zu heiligenden Schabbat (Samstag), nicht aber vom Sonntag die Rede war. Damit aber war, stärker noch als bei den Disputen um die Kindertaufe, auch Luthers eigene Tradition als eine von vielen denkbaren Auslegungen entlarvt. Im Gegenüber zu den »Sabbathern« konnte Luther nicht mehr behaupten, die einzig denkbare Bibelauslegung zu vertreten, und kompensierte dies durch wütende und widersinnige Verschwörungsvorwürfe gegen jüdische Rabbiner. Wenige Jahre später, 1543, rief er mit seiner Schrift »Wider die Juden und ihre Lügen« zur Gewalt gegen Juden, Synagogen und jüdische Schriften auf. Damit befeuerte er den Antisemitismus, der schließlich im Nationalsozialismus seinen tragischen Höhepunkt fand.[92]

Nicht so bekannt ist Luthers wenige Monate später folgende Schrift »Vom Schem Hamphoras und vom Geschlecht Christi«, in der er auch eine an einer Wittenberger Kirche bis heute zu sehende »Judensau« zitierte. In dieser von obszönen und antisemitischen Beschimpfungen durchdrungenen Schrift verunglimpfte Luther die Juden als »des Teufels Volk«, die tiefer als alle anderen »in den Abgrund der Hölle fallen« sollten.

Den Rabbinern warf Luther »Spielereien« vor, die »sich fein im Hebräischen« durchführen ließen, »was wir mit unserem Abc nicht vermögen«. So verspotte »der leidige böse Geist seine gefangenen Juden«. Indem sie es wagten, »den blossen, ledigen Buchstaben Kraft beizulegen«, spreche »der leidige, lästerliche Teufel selbst mit aller seiner Bosheit aus der Hölle heraus«. In den Abschlusssätzen wünschte Luther, dass die Juden »nicht nur den Namen ›Jehova‹ nicht nennten, sondern auch keinen Buchstaben in der ganzen Schrift nennen, lesen, schreiben, hören oder haben könnten. Denn sie brauchen es doch nur Gott zur Schande, der Schrift zu Unehren und sich selbst zur Verdammnis.« Luther hatte tiefen Einblick in die mehrdeutigen Möglichkeiten des hebräischen Alphabets gewonnen – sich aber antisemitisch dazu entschieden, diese als »teuflisch« abzuweisen.[93]

Noch als der inzwischen 63-Jährige am 28. Januar 1546 einen Herzinfarkt erlitt, schrieb er in seinen letzten Briefen vom Krankenbett aus, es sei »der Juden oder ihres Gottes schuld« gewesen und plante, »die Juden zu vertreiben«. An den Schluss seiner letzten Predigt Mitte Februar stellte er eine »Vermahnung wider die Juden«, in der er die Minderwertigkeit von »jüdischem Blut« lehrte und behauptete, jene, die sich der Taufe verweigerten, planten, die Christen »aus zu saugen und (wo er kann) zu tödten«. Der einst als Reformator und Bibelübersetzer gestartete Luther starb am 18. Februar 1546 als antisemitischer Hassprediger.[94]

2.6 Extensives Lesen und das Zeitalter der Ideologien

Die Druckerpressen beschleunigten die Verbreitung von Texten wie Bibeln und Flugblättern. Dennoch blieben Druckwerke noch teuer, was eine Praxis des »intensiven Lesens« begünstigte: Auch gedruckte Texte waren kostbar, wurden mehrfach und genau gelesen. Noch um 1740 erschienen jährlich »nur« rund 750 Bücher auf dem deutschsprachigen Markt, davon 28 Prozent auf Latein.

Doch ab der Mitte des 18. Jahrhunderts verbilligten sich durch technische Verbesserungen Druckwerke rapide, sodass immer mehr Bücher und erste Zeitschriften erschwinglich wurden. Schon um 1780 erschienen jährlich um die 5000 Neuheiten, der Latein-Anteil sank bis 1800 auf nur noch vier Prozent.[95]

Am Anfang des 19. Jahrhunderts standen weitere Durchbrüche wie die Zylinder- und Rotationspressen, was zu einer Explosion von Tageszeitungen sowie Romanen führte, die gewöhnlich nur einmal gelesen und dann durch neue Ware ersetzt wurden. Das »intensive« Lesen wurde durch »extensives« Lesen abgelöst – und all dies fast vollständig in vollvokalisierten Alphabeten. Die Auswirkungen waren enorm und reichen bis heute.

Hinzu kam ein weltklimatisches Ereignis: Der massive Ausbruch des Vulkans Tambora im heutigen Indonesien im April 1815 führte zu einer globalen Verdunkelung der Atmosphäre, einem Folgejahr »ohne Sommer« und verheerend schlechten Ernten. Hunger und Armut, Aufstände und Auswanderungen aus Europa, insbesondere in die USA und nach Russland, gingen mit dem Aufkommen neuer religiöser Bewegungen einher, und leider auch mit den antisemitischen Hep-Hep-Pogromen, die 1819 in Würzburg begannen.[96]

Im medienwissenschaftlichen Rückblick wird deutlich, was im 19. Jahrhundert geschah, geradezu geschehen musste: Der noch mehr oder weniger einheitliche Horizont gerade auch der gebildeten Schichten zersplitterte in immer mehr religiöse und weltanschauliche Lesarten. Durch intensives Lesen konnten nun neue Zugänge zu vorher undenkbaren National-, Konfessions- oder auch Weltanschauungsgruppen gefunden werden: Es begann das Zeitalter der -ismen wie Liberalismus, Merkantilismus, Nationalismus, Sozialismus, Kommunismus, Okkultismus, Humanismus, Konfessionalismus, Atheismus, Panbabylonismus[97] usw.

Hatten sich frühere Generationen noch viele Sorgen um die »richtige« Theologie gemacht, so interessierte sich das aufstrebende Bürgertum in Umbrüchen und Wettbewerb zunehmend für das »richtige« Verständnis von Wirtschaft. Die meisten der bis heute gelesenen Autoren jener Jahrzehnte wie Adam Smith, Karl Marx und Thomas Robert Malthus verkündeten jeweils ökonomische »Wertlehren« mit widerstreitenden Theorien über die eigentlichen Quellen von »Werten«. An die Stelle der alten philosophischen Trias des Wahren, Guten und Schönen traten im 19. Jahrhundert widerstreitende »Werte« von Gleichheit oder Vielfalt, Tradition oder Fortschritt, Barmherzigkeit oder Wohlstand, Arbeit oder Freizeit, Privat- oder Gemeineigentum, Wissen oder Glauben, Organisation oder Freiheit. Und in sehr vielen dieser »Wertlehren« erschienen Menschen anderer Herkunft, Religion oder Weltanschauung als »minderwertig«.[98] So wurde dem promovierten Philosophen, Journalisten und Zeitungsherausgeber Karl Marx einerseits seine Herkunft aus einer jüdischen Familie vorgeworfen, die sich und auch ihn während seiner Kindheit christlich taufen ließ. Andererseits – und auch deswegen – träumte Marx selbst in seiner ökonomischen Philosophie von einer »Überwindung« aller Religionen und besonders des Judentums in einer kommunistisch-paradiesischen Zukunft.[99]

Juden und Christen jüdischer Herkunft waren aufgrund ihrer Bildung und ihres Wunsches nach Gleichberechtigung tatsächlich häufiger in neuen weltanschaulichen Bewegungen zu finden – was Antisemiten wiederum nutzten, die vermeintliche Weltverschwörung sowohl für den Marxismus wie für den Kapitalismus, für Nationalismus wie auch für Pazifismus verantwortlich zu machen. Der Verlust einer angeblich früher bestehenden Einheit wurde der »Zersetzung« durch Jüdinnen und Juden und hierbei insbesondere »der Presse« angelastet.

Nicht zufällig beschrieb ein in China geborener Asienexperte, Benedict Anderson, die durch den beschleunigten Druck ausgelösten Umwälzungen rückblickend überzeugend: Erst die massive Produktion von extensiv zu lesenden Medien wie Tageszeitungen und Taschenbüchern habe »vorgestellte Gemeinschaften« (imagined communities) wie Nationalstaaten und ideologische Parteiungen überhaupt denkbar gemacht. Nun erst war es Lesenden möglich, sich täglich als Teil der französischen, amerikanischen oder spanischen Nation zu erfahren, sich nach der entstehenden Sitzordnung in Parlamenten als »links« oder »rechts« zu definieren, als Kapitalist internationale Börsenkurse zu studieren oder sich als Kommunist mit der »internationalen Arbeiterklasse« zu identifizieren.

Die lineare Zeiterfahrung konnte sich in breiten Schichten bis zur Utopie (wörtlich: dem »Nicht-Ort«) und fantastischer Science Fiction steigern. Und auch Nationalstaatsbewegungen für noch gar nicht existierende Staaten wie der Hellenismus, der großdeutsche Nationalismus und der Zionismus wurden erst durch diese schnellen und günstigen Medien möglich.[100]

Während Antisemiten dabei wenig Probleme hatten – und haben –, etwa Griechen ein Griechenland (anerkannt 1830), Muslimen ein Pakistan (gegründet 1947) und Buddhisten ein Burma (gegründet 1948) zuzugestehen, gilt vielen bis heute Israel (gegründet 1948) als besonders gefährlich, unrichtig und verschwörerisch. Deswegen gibt es bis heute auch keinen weltweiten Anti-Hellenismus, Anti-Pakistanismus oder Anti-Burmanismus, aber sehr wohl einen globalen, von antisemitischen Mythen durchdrungenen Anti-Zionismus.

Es ist eine Ironie der Geschichte, wenn wir heute darüber klagen, erst mit dem Internet seien die Menschen in voneinander abgeschottete Medienblasen und Echokammern geraten.[101] Denn tatsächlich hatte dieser Prozess bereits mit der Alphabetisierung begonnen und sich mit der Entwicklung der Druckerpressen immer weiter beschleunigt.

Noachidischer Friede

Auf die von der Druckerpresse verursachte Reformation folgte das – dem heutigen IS in vielem vergleichbare – »Täuferreich von Münster« im 16. Jahrhundert und schließlich der Dreißigjährige Krieg von 1618 bis 1648, der Europa teil-entvölkerte.

Die jahrzehntelangen Massaker und Bündniswechsel zerstörten auch das Vertrauen sehr vieler Menschen in die christlichen Lehren und Symbole. Zur Begründung des ersehnten Friedens griffen Gebildete auf Mythen zurück, die älter als dieser Streit, als diese Spaltung waren. So wurden die Schriften und Münzen zum Westfälischen Frieden, der endlich den verheerenden Dreißigjährigen Krieg beendete, mit noachidischen Symbolen wie Arche, Taube und Ölzweig verziert.

Der Söldner Peter Hagendorf berichtet in seinem glücklich erhaltenen Tagebuch aus dem schwäbischen Memmingen über das Kriegsende: »Im Jahr 1648, den 16. November, ist das Freudenfest wegen des Friedens gehalten worden von den Bürgern, als wenn es Ostern oder Pfingsten gewesen wäre. In beiden Kirchen sind drei Predigten gehalten worden. Der Text ist gewesen aus dem 1. Buch Moses, aus dem 8. Kap., wie Noah nach der Sintflut aus der Arche gegangen ist und dem Herrn einen Altar baut und von allem reinen Vieh Brandopfer opfert.«[102]

Über 300 Jahre später, im Spätsommer 1961, stand die Menschheit am Rand eines Atomkriegs. Nikita Chruschtschow, Partei-

und Regierungschef der sowjetischen Weltmacht, war – soweit wir wissen – kein religiöser Mensch, sondern ein entschiedener Gegner der Religion. Chruschtschow glaubte sicher nicht, dass die Noah-Legende wortwörtlich zu verstehen war. Er glaubte nicht an Gebete, sondern an Technologien. Der erfolgreiche Start eines sowjetischen Satelliten am 4. Oktober 1957 gehörte zu den stolzesten Momenten seiner Amtszeit.

Doch die neuen Technologien brachten auch Gefahren mit sich. Atombomben hatten bereits zwei japanische Städte vernichtet und bedrohten nun den Fortbestand der Menschheit. In vielen Weltregionen standen sich die feindlichen Armeen aus Ost und West direkt gegenüber, Stellvertreterkriege wurden geführt. In Berlin wurde die Mauer gebaut, Panzer der NATO und des Warschauer Paktes standen sich mit laufenden Motoren im Abstand von wenigen Metern gegenüber. Theoretisch konnte ein einzelner Hitzkopf eine Kettenreaktion und den letzten Weltkrieg auslösen. Ein Versuch direkter Friedensgespräche zwischen Chruschtschow und seinem US-Kollegen John F. Kennedy in Wien waren im Juni 1961 gescheitert.

Im September 1961 unternahm Chruschtschow den vielleicht letzten Versuch für einen friedlichen Dialog. Er schrieb einen persönlichen Brief an Kennedy und griff darin nach *dem* semitischen Mythos. Er verglich den Planeten Erde »mit Noahs Arche, in der sowohl die ›Reinen‹ wie die ›Unreinen‹ Aufnahme gefunden haben. […] Entweder wir werden in Frieden und Zusammenarbeit leben, so dass die Arche ihren Auftrieb erhält, oder sie sinkt.«[103] Kennedy nahm den Ölzweig an. Er schrieb Chruschtschow zurück:

> »Ihre Analogie von Noahs Arche mag ich sehr, auf der sowohl die ›Reinen‹ wie die ›Unreinen‹ wünschen, dass sie über Wasser bleibe. […] Die Möglichkeiten eines weiteren Krieges, der alles, was Ihr System und unser System über die Jahre aufgebaut hat –

> wenn nicht gar die ganzen Systeme selbst –, zerstören könnte, sind zu groß, um es unseren ideologischen Differenzen zu erlauben, uns blind zu machen für die sich vertiefenden Gefahren eines solchen Kampfes.«[104]

Chruschtschow und Kennedy saßen nun mythologisch nicht nur in einem Boot, sondern in einer Arche. Fast genau ein Jahr später gelang ihnen im letzten Moment die Lösung der Kubakrise und die Entschärfung der bereits auf beiden Seiten feuerbereiten Atomwaffen. Viele Historikerinnen und Historiker gehen davon aus, dass die Menschheit ihrer Selbstvernichtung nie so nahe gekommen war.[105]

2.7 Lob der Mehrdeutigkeit: Einhörner, Superhelden und die Ringparabel

2018 stürmte der deutsche Islamwissenschaftler und Arabist Thomas Bauer mit einem Buch über »Die Vereindeutigung der Welt« und den »Verlust an Mehrdeutigkeit« die deutschen Bestsellerlisten – zu Recht! Denn in den bisweilen etwas verklärten Rückblicken auf die Vormoderne steckt die tiefe Wahrheit, dass mit der zunehmenden Alphabetisierung in vokalisierten Alphabeten die Forderung nach Eindeutigkeit immer stärker wurde – was auch den Antisemitismus befeuerte. Christliche Fundamentalisten wollten nur noch eine einzige Lesart der Bibel zulassen, Nationalisten nur noch ihre jeweilige Lesart der Geschichte und daraus folgende Ansprüche, Hegelianer, Sozialisten und Marxisten nur noch ihr vermeintliches Weltgesetz; Aufklärer wollten die Religionen, Philosophien, Wissenschaften und auch Künste und Architekturen von aller Unvernunft – und nicht selten auch vom Semitismus – »reinigen«.[106]

Die Lesung in vokalisierten Texten veränderte auch das Verhältnis von Lehrenden und Lernenden. Jan Assmann wies darauf hin, dass schon das hebräische Alphabet mit »seinen 22 Buchstaben unendlich einfacher« als die Hieroglyphen und Keilschriften gewesen sei, aber »aufgrund der fehlenden Vokalzeichen« doch einen Lehrer erforderten. Sie waren zunächst »nur für den lesbar, der sie kannte«, mussten also idealerweise vorgetragen, dadurch vokalisiert und entschlüsselt werden. Für vokalisierte Alphabete galt dies nicht mehr, denn »je weniger es auf die Kenntnis der Schriftzeichen ankam, desto wichtiger wurde der Text selbst«.[107]

Innerjüdisch entstand eine scharfe – und bis heute bestehende – Polarisierung zwischen jenen Haredim (Gottesfürchtigen), die die Konzentration auf vokalisierte Alphabete und das säkulare Weltwissen als Gefahr betrachteten, und jenen Säkularen, die umgekehrt das hebräische Alphabet und die Religion hinter sich ließen. So hat auch Albert Einstein in jungen Jahren eine religiöse Phase durchlaufen. Doch die Lektüre populärwissenschaftlicher deutschsprachiger Bücher brachte ihn, wie er sich später erinnerte, zu der Wahrnehmung, dass die Bibel »nicht wahr« sein könne.[108] Sein an vokalisierten Alphabeten geschultes Ideal war das der mathematischen Eindeutigkeit. So war auch Einsteins berühmte Aussage »Gott würfelt nicht« als Verteidigung des physikalischen Determinismus – der absoluten Eindeutigkeit – gedacht, die inzwischen jedoch durch die Quantenphysik als widerlegt gilt.[109]

Und keinesfalls beschränkte sich die Auseinandersetzung zwischen mehrdeutigen Mythen und vermeintlich eindeutigen Wissenschaften auf Diskussionen höherer Physik. Das riesige Universum von Superhelden wie Superman, Spiderman und Captain America entstand aus dem Zusammenwirken jüdisch und christlich geprägter New Yorker im Umfeld der rumänisch-amerikanischen Synagoge in der Lower East Side sowie in Cleveland, Ohio. Hier packten aufstrebende Bücherwürmer wie Harry Donenfeld,

Joseph »Joe« Schuster und Jerry Siegel inmitten der Armut und der Umwälzungen ihres je eigenen Gotham City religiöse Mythologien und wissenschaftliche Erzählungen wild und bunt durcheinander und schufen buchstäblich neue Comic-Medien samt eigener »Universen«.[110]

Mit der Herausgabe des Comics »Flash of Two Worlds« im September 1961 etablierte der in einer rumänisch-jüdischen Familie in der Bronx aufgewachsene Julius Schwartz die atemberaubende Idee gleichzeitiger Paralleluniversen in der Populärkultur. Nach einer langen Phase der Krise der jungen Comicindustrie gelang dem ebenfalls in einer rumänisch-jüdischen Familie aufgewachsenen Autor Stanley Martin Lieber (»Stan Lee«) mit dem ersten Heft der »Fantastischen Vier« wieder ein phänomenaler Erfolg, der als Geburtsstunde des »Marvel Universums« gilt. Heute basieren gleich vier der zehn wirtschaftlich erfolgreichsten Kinofilme aller Zeiten auf Marvel-Comics.[111]

Einen christlichen Fall von Mehrdeutigkeit und ihrer Bedrohung bildet die Mythologie des Einhorns: Sie entstand, als ein indisches Tier – Nashorn oder Urochse – von hebräisch »rem« in Hiob 39,9 in das griechische »monoceros« und das lateinische »unicornus« übersetzt wurde. Da im Text mit einer Krippe verbunden, wurde es von christlichen Auslegern mit Jesus als Lamm Gottes assoziiert und zunehmend weiß und lieblich vorgestellt. Sein heilendes Horn, seine Verbindung zu Jungfrauen und auch seine Verfolgung durch verschwörerische Mächte des Bösen trugen zu seiner großen Popularität in Erzählungen, in Kirchen sowie unter Heilern und Apothekern bei. Doch nach der scharfen Kritik durch die alphabetisierenden, auf Eindeutigkeit drängenden Reformatoren wurde das Einhorn aus dem Kirchendienst verbannt und blieb jahrhundertelang nur in der »säkularen« Fantasy lebendig. Sein mannigfaltiges Wiedererwachen in Büchern, Filmen und der digitalen Kultur gilt als ironische, aber auch als religiöse

Protestbewegung gegen eine allzu massive Vereindeutigung und Entzauberung der Welt.[112]

In gewisser Hinsicht steht Thomas Bauer mit seiner Kritik in einer Linie mit Lessing, der bereits 1779 die Chance der Mehrdeutigkeit in der berühmten Ringparabel formulierte. Der Jude Nathan lehrt darin den muslimischen Herrscher und den christlichen Tempelritter: Welches der richtige Ring väterlicher Erwählung sei und was nur Kopien, lasse sich nicht durch Untersuchungen, sondern allein durch das Verhalten des Trägers erweisen. Es komme also weder darauf an, nur seine absolute Wahrheit durchzusetzen (Fundamentalismus), noch, jeden Anspruch auf Wahrheit aufzugeben (Relativismus), sondern auf moralisch gutes Handeln und auf Offenheit. Dadurch könnten letztlich sogar alle Ringe »wahr« werden! Das Verständnis dessen, was Bauer heute »Ambiguitätstoleranz« (das Ertragen von mehreren Deutungsmöglichkeiten) nennt, hatte Lessing nicht zufällig in der Auseinandersetzung mit Judentum und Islam gewonnen.[113]

Die Trennung von Christentum und Judentum gebar jedoch leider nicht nur Einhörner, Superhelden und Ringparabeln, sondern wirkt bis heute in massiven dualistischen und damit antisemitischen Traditionen in christlichen Schriften und Auslegungen nach. Einerseits duldeten entstehende christliche Reiche die Juden lange als einzige religiöse Minderheit überhaupt. Doch antisemitische Mythen und antijüdische Übergriffe wurden aus der vorchristlichen Antike nicht nur übernommen, sondern radikalisiert, Jüdinnen und Juden als »Christusmörder« und absolut Böse denunziert.[114]

Besonders verhängnisvoll wirkte sich die antisemitische Aufladung des Jesusjüngers Judas aus, der nach den Evangelien schließlich Jesus verraten und so die Kreuzigung eingeleitet habe. Obgleich Jesus wie seine Apostel Juden waren, wurde »Judas« zum Schimpfwort und in Predigten, Darstellungen und bald auch symbolischen Verbrennungen zum Zerrbild »des« vermeintlich gierigen und verräterischen Juden. Erst im 20. Jahrhundert setzte eine – auch von jüdischen Schriftstellern wie Amos Oz vorangetriebene – Neuinterpretation des Judas ein, der als mehrdeutiger, tragischer und zugleich das Christentum mit-hervorbringender Akteur erkennbar wird.[115]

Hinzu kam die schon frühchristliche Tendenz, die Schriften so auszulegen, dass Jesus vor dem negativen Hintergrund eines verzerrt dargestellten Judentums umso heller strahlte. So gilt »Pharisäer« bis heute als Schimpfwort für frömmlerische, engstirnige Heuchler. Doch tatsächlich bildeten sie eine der ersten Laien-Bildungsbewegungen der Welt, die den Gottesdienst gerade nicht mehr nur Priestern und Gewaltherrschern überlassen wollte, sondern sich um Bildung, Schriftauslegung und Besserung bis in die Familien hinein mühte. Auch Jesus und seine Anhängerschaft standen den Pharisäern nahe, und sie bildeten eine wichtige Quelle des rabbinischen Judentums. Im Religionsvergleich gehen die Pharisäer alphabetisierenden Bildungsbewegungen wie den evangelischen Pietisten und der islamischen Nurcu-Bewegung voraus und hätten, bei aller auch berechtigten Kritik, sehr viel mehr Interesse und Wertschätzung verdient. Doch die antijüdischen Stereotype sitzen gerade auch in christlich- und islamisch-frommen Kreisen noch immer tief.[116]

In der Zeit der Kreuzzüge ab dem 11. Jahrhundert wurden dann Juden klassisch-antisemitisch beschuldigt, sich mit Muslimen verschworen zu haben – Pogrome und die Vernichtung ganzer Gemeinden waren die Folge. Juden wurden von Staatsämtern ausgeschlossen und das Vierte Laterankonzil von 1215 schrieb ihnen erstmals besondere, isolierende Kleidung vor, das Vorbild der späteren »Judensterne«. In zahlreichen Statuen der weiblichen Sünderin mit verbundenen Augen und zerbrochener Fahnenstange als »Synagoga« im Gegensatz zur siegreichen »Ekklesia« (Kirche) und in immer mehr Darstellungen der beleidigenden »Judensau« wurde der zunehmende christliche Antisemitismus in die kirchliche Bild- und Symbolsprache der noch nicht schriftkundigen Mehrheiten übersetzt.[117]

Mit der Übertragung von Passagen aus den jüdischen, gegen christliche Mythen gerichteten Polemiken der Jeshu-Toledot-Traktate durch den katalanischen Dominikaner Ramon Marti im »Pugio Fidei« (»Glaubensdolch«) von 1270 verschärfte sich der Antisemitismus weiter. Juden wurde nun pauschal vorgeworfen, dass nicht nur ihre Vorfahren Jesus ermordet hätten, sondern dass sie sich in ihren Schriften und Ritualen auch weiterhin aktiv gegen ihn verschwörten.

Im »Glaubensdolch« vokalisierte der zunehmend als »Martinus« gerühmte Autor erstmals den hebräischen, nichtvokalisierten Gottesnamen JHWH zu Jehovah.[118]

Antisemitische Polemiken drangen nun bis ins Herz der jüdischen Gelehrsamkeit vor und zerrten deren Geheimnisse und Argumente in oft unfairen bis völlig falschen Varianten an die Öffentlichkeit. So geistern auch heute noch willkürlich aus dem Kontext gerissene wie auch schlicht gefälschte »Talmudzitate« aus älteren antisemitischen Schriften durch das Internet.

Dass auch heute wieder »Abendlandretter« säkularer und christlicher Prägung sehr schnell Beschimpfungen des Islams mit antisemitischen Ressentiments verknüpfen[119] und einigen Juden vorwerfen, eine arabische, afrikanische, muslimische »Invasion« Europas zu betreiben, ist daher nicht überraschend. Ebenso machen leider auch nicht wenige Muslime und Flüchtlinge wiederum »die Juden« und von ihnen vermeintlich gesteuerte Christen für Gewalt und Vertreibungen im Nahen und Mittleren Osten verantwortlich – was eine auch wertebezogene Integration in Europa hemmt und zu Radikalisierung, sogar zu Terrorismus führen kann.[120] Die heutigen Verschwörungsmythen gehen immer wieder erstaunlich direkt und ungebrochen auf die historischen und mythologischen Ausprägungen des Antisemitismus zurück.

Dass nach frühchristlicher, etwa augustinischer Lehre die Bischöfe und Fürsten die Rechte dieser religiösen Minderheit vor »Volkszorn« zu schützen hatten und davon wiederum wirtschaftlich profitierten, wirkt bis heute in antisemitischen Verschwörungsvorwürfen an Kirchen und Regierungen mit. Und doch bildet – nach der Vertreibung der irakischen Juden – heute die jüdische Gemeinde in Rom die älteste Synagogengemeinde der Welt.

Als Wende vom jahrtausendealten römisch-katholischen Antisemitismus darf erst das kurze Pontifikat von Papst Johannes XXIII. von 1958 bis 1963 gelten. Während große Teile der Kirche im Angesicht des Nationalsozialismus versagten, hatte er als Apostolischer Delegat in der Türkei Tausende Jüdinnen und Juden, vor allem Kinder, vor dem Zugriff des NS-Regimes gerettet. Schon kurz nach seiner Papstwahl 1958 ließ Johannes XXIII. die antisemitische Zeile gegen »die treulosen Juden« (»Oremus pro perfidis Judaeis«) aus der Karfreitagsliturgie entfernen. 1960 empfing er eine Gruppe von über 100 amerikanischen Juden mit den Worten »Ich bin Josef, euer Bruder« – damit auf seinen Taufnamen Giuseppe statt auf seinen Amtsnamen anspielend. Und am 17. März 1962 – einem Samstag/Schabbat – ließ er spontan sein Auto vor der Großen Synagoge von Rom halten und segnete die herausströmenden, zuerst verblüfften und dann jubelnden Gottesdienstbesucher. Im gleichen Jahr eröffnete er das Zweite Vatikanische Konzil, das mit den Texten »Lumen gentium« und »Nostra aetate« das Verhältnis der Kirche zu den anderen Religionen und insbesondere zum Judentum und Islam auf eine neue Grundlage stellte. Als dieser Papst am 3. Juni 1963 starb, reihten sich der römische Oberrabbiner und viele weitere Jüdinnen und Juden in die Trauer auf dem Petersplatz in Rom ein. Unter seinen Amtsnachfolgern wurde es üblich, dass Päpste die Synagoge von Rom besuchten, dort beteten und sprachen. Und doch wird es noch Generationen dauern – wenn es überhaupt je ganz gelingt –, antisemitische Mythen innerhalb der christlichen Traditionen aufzuklären und zu überwinden.[121]

2.8 Die bessere Geschichte der Wissenschaft

Längst hat die Wissenschaft die Fragen beantwortet, die weder die griechischen Philosophen noch die semitischen Schriftgelehrten zu ihren Zeiten beantworten konnten.

So waren alle unsere aus Afrika stammenden Vorfahren – nennen wir sie symbolisch ruhig »Adam und Eva« – ursprünglich dunkelhäutig. Nicht zuletzt die Beherrschung des Feuers erlaubte die Auswanderung in kältere Klimazonen, zudem auch die Herausbildung von mehr Arbeitsteilung und größeren, sozial und kulturell intensiver verbundenen Gruppen.[122]

Hellere Hautfarben evolvierten dort, wo mangels Sonnenstrahlung Vitamin-D-Mangel drohte. Ebenso setzte sich in Regionen mit früher Viehhaltung eine lebenslange Laktose-(Milchzucker-) Toleranz durch, die Säugetiere und Menschen zur Abstillhilfe eigentlich verlieren. All diese spezifischen Anpassungen hatten und haben dabei nichts mit Intelligenz oder bestimmten Charaktereigenschaften zu tun – es gab und gibt keine »Menschenrassen«, sondern vielfältige, sich immer wieder auch vermischende Populationen.[123]

Warum aber haben dann vor allem weiße Europäer Amerika und Australien besiedelt und nicht umgekehrt australische Ureinwohner und Native Americans Europa? Auch hierzu braucht es keinerlei Rassismus; ein Blick auf die Weltkarte und die Achsen der Kontinente reicht.

Die Antwort lautet auch hier: kulturelle Evolution. Überall auf der Welt entfalteten Menschen Kulturen, entdeckten Technologien

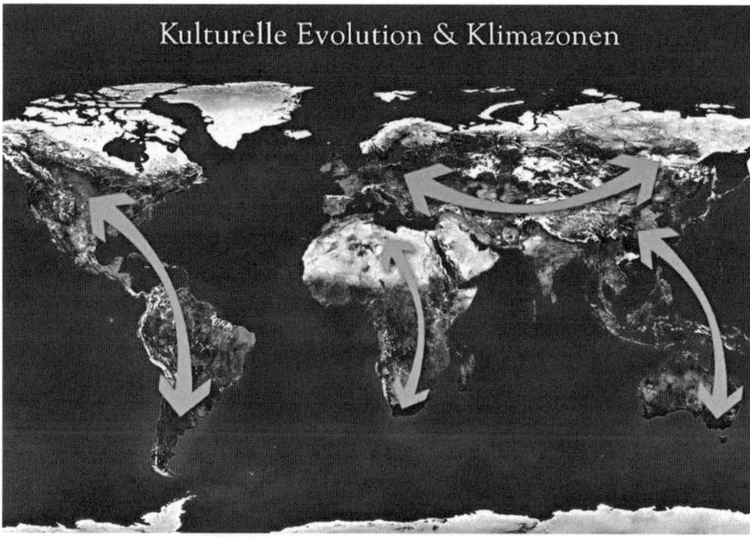

Weltkarte und Kontinentalachsen (M. Blume nach J. Diamond)

und Regeln des Zusammenlebens. Doch nur entlang der eurasischen Ost-West-Achse war ein intensiver Austausch der Entdeckungen innerhalb der gleichen Klimazone möglich – schon bei der Entwicklung der Landwirtschaft, den Metallzeiten und später entlang der »Seidenstraße«. Es ist kein Zufall, dass die großen Mythen von Eva und Adam sowie von Noah genau hier verortet wurden.[124]

Und genau am Schnittpunkt der afrikanischen Süd-Nord und der eurasischen Ost-West-Achse, zwischen Ägypten und Mesopotamien, in den Gebieten des heutigen Sinai und Israels, werden dann auch erstmals Schriftsysteme zu Alphabeten vereinfacht. Das vokalarme Hebräisch löst die Entstehung der nach dem Ur-Schriftlehrer benannten semitischen Religionen aus, das vokalisierte Phönizisch, Griechisch, Latein den Entwicklungsschub nach Europa (bei der es sich übrigens laut Mythos um eine libanesische Prinzessin handelte, die von einem griechischen Gott entführt wurde).[125]

Und erneut ist es keine »rassische Überlegenheit«, sondern schlicht die Übertragung asiatischer Drucktechniken in den Buchdruck mit beweglichen Lettern, die das christlich geprägte Europa ab dem 15. Jahrhundert nach vorn schleudert und zugleich über Reformation und Dreißigjährigen Krieg fast zerreißt. Indem islamische Herrscher den Druck arabischer Lettern lange tabuisieren, verliert die Hochkultur ihre kulturelle und militärische Führungsrolle und taumelt in eine bis heute reichende Krise.[126]

Im Zeitalter des Kolonialismus und Imperialismus expandieren europäische Reiche und Siedler durch Alphabetisierung und die dadurch ausgelösten technologischen Sprünge. Da sich in Nordamerika viele evangelische und jüdische, also schriftorientierte Auswanderer ansiedelten und im Gegensatz zu Mittel- und Südamerika keine überreichen Rohstoffvorkommen den Aufbau hierarchischer Ausbeutersysteme begünstigten, wurden die USA früh dezentral und demokratisch strukturiert und schließlich zur ersten modernen Republik. Auch mit der Integration immer neuer, aufstiegsorientierter Zuwanderer übernahmen sie die globale wirtschaftliche, technologische und kulturelle Führungsrolle bis ins 21. Jahrhundert.[127]

»Die Menschen wollen versklavt sein. Die können mit Freiheit nicht umgehen«, hatte ein antisemitischer und rassistischer »Reichsbürger« dem verblüfften Tobias Ginsburg erklärt.[128] Dabei hatte bereits Hitler 1941 in der gleichen Mytho-Logik seiner »Tischgespräche« darüber sinniert, dass die Arier wieder die Slawen unterwerfen und Überlebende zur Sklavenarbeit heranziehen würden. »Einmal im Jahr wird dann ein Trupp Kirgisen durch die Reichshauptstadt geführt, um ihre Vorstellung mit der Gewalt und Größe ihrer steinernen Denkmale zu erfüllen.«[129] Die semitischen Schriftgelehrten hatten Sklaverei als Problem und Unrecht markiert. Für Antisemiten war es eine Verheißung für die Zukunft.

Doch ab der Entwicklung der Dampfmaschine wurde menschliche Arbeitskraft endlich umfassend ersetzbar und die jahrtausendealte Praxis der Sklaverei geriet unter Druck. In den USA des 19. Jahrhunderts trug diese Frage zwischen den stärker industrialisierten Nordstaaten und den stärker agrarischen, Sklaven ausbeutenden Südstaaten sogar zu einem blutigen Bürgerkrieg bei.

Allerdings erzeugte die für die Maschinen notwendige Verfeuerung fossiler Rohstoffe wie Kohle, Öl und Gas auch neue Ausbeutungsverhältnisse, massive Umweltschäden und schließlich autoritäre Rentierstaaten in der arabisch- und turksprachigen Welt, in Russland, Venezuela und Teilen Afrikas. Auch die politischen Systeme der USA, Brasiliens und weiterer Energieexporteure wurden – und werden – durch Ölmilliarden populistisch verformt. Erst mit der Entwicklung erneuerbarer und dezentraler Energieträger werden weniger ausbeuterische und weniger umweltschädliche Wirtschaftskreisläufe möglich, treffen aber selbstverständlich auf weiterhin massive Widerstände.[130]

Selbstverständlich konnte ich hier nur eine sehr kurze und grobe Skizze der menschlichen Geschichte präsentieren. Doch ich hoffe, es wurde auch so schon deutlich: Nirgendwo sehen oder benötigen wir für das wissenschaftliche Verständnis der Entwicklung menschlicher Kulturen, Staaten und Wirtschaftssysteme rassistische Annahmen.

Die kulturelle Evolution – vor allem von Medien, Mythen und Wirtschaft – vermag die Menschheitsgeschichte sehr viel besser zu erklären als jede »alternative Geschichtsschreibung« über nordische, staatenbildende »Arier« und schlaue, weltverschwörende »Semiten«.

Im Gegenteil: Hatte Hitler noch herablassend behauptet, dass die »japanische Entwicklung arischem Ursprung ihr Leben verdankt«,[131] so kann heute kein Zweifel daran bestehen, dass Staaten wie Japan, Taiwan, Südkorea und teilweise auch China, Indien und beginnend Äthiopien ganz ohne »arische Genetik« zur Dynamik europäischer und amerikanischer Gesellschaften aufschließen können. Sie benötigten dazu weder arische noch semitische Gene – die es als solche nicht gibt –, sondern schlicht die Übernahme erfolgreicher kultureller Konzepte und Technologien. Und diese wurden jeweils begünstigt durch das Fehlen von Ausbeutung begünstigenden Rohstoffquellen, durch bildungsförderliche Religionsgemeinschaften und Regierungen und damit durch Investitionen in die Köpfe der Menschen.

Gerade auch die Mängel im US-amerikanischen Bildungs- und Wirtschaftssystem und der daraus resultierende Erfolg populistischer Politiker könnten also ganz ohne jeden Rückgriff auf pseudo-genetische Thesen durchaus den quälenden Abstieg der Supermacht und den Beginn eines asiatischen oder eurasischen Jahrtausends einleiten. Die Zukunft ist nicht durch menschliche »Rassen« und Märchen angeblich heiler Vergangenheiten determiniert, sondern offen für jene, die lesen, forschen und schaffen.

Zudem führen die weltweit sinkenden Geburtenraten schon jetzt zu einem wachsenden Arbeitskräftemangel in immer mehr Industrieregionen der Erde, sodass die Heimüberweisungen von Gastarbeitern und Migranten bereits alle Formen der »Entwicklungshilfe« um ein Mehrfaches übersteigen. Es ist abzusehen, dass die wirtschaftliche und kulturelle Zukunft jenen Regionen gehören wird, denen es gelingt, Fachkräfte zu gewinnen, Migranten gut zu integrieren und Kinder – egal welcher Herkunft – umfassend auszubilden.[132] Rassismus und Antisemitismus erweisen sich nicht nur als sachlich falsch und menschenverachtend, sondern darüber hinaus auch noch als Standortnachteile auf dem Weg ins dritte Jahrtausend n. Chr.

3. Mythen, Medien, Mächte
Ein Blick zurück nach vorn

3.1 Den Frauen eine Stimme

> »Tu deinen Mund auf für die Stummen und für die Sache aller, die verlassen sind. Tu deinen Mund auf und richte in Gerechtigkeit und schaffe Recht dem Elenden und Armen. Wem eine tüchtige Frau beschert ist, die ist viel edler als die köstlichsten Perlen.«
>
> *Bibel, Sprichwörter Salomos 31,8–10*[1]

> »Gleich dem Weibe, dessen seelisches Empfinden weniger durch Gründe abstrakter Vernunft bestimmt wird, als durch solche einer undefinierbaren, gefühlsmäßigen Sehnsucht nach ergänzender Kraft, und das sich deshalb lieber dem Starken beugt als den Schwächling beherrscht, liebt auch die Masse mehr den Herrscher als den Bittenden …«
>
> *Adolf Hitler, »Mein Kampf« (1925)*[2]

> »dein goldenes Haar Margarete
> dein aschenes Haar Sulamith«
>
> *Paul Celan, »Todesfuge« (1947)*

Golda Meïr amtierte als eine der ersten Außenministerinnen der Welt. Im Februar 1962 vermeldete eine israelische Zeitung: »Wenn Frau Meïr unsere Gesandtschaft vor der Vollversammlung anführt, bekleidet sie den höchsten Rang aller Frauen bei dem Treffen der Nationen.«

Sieben Jahre später, 1969, wurde Golda Meïr die erste Regierungschefin Israels.[3] Andere Demokratien wie Deutschland würden bis dahin noch Jahrzehnte benötigen; die USA hatten in über zwei Jahrhunderten Republik noch nie eine Frau an ihrer Spitze.

Doch Kulturgeschichte verläuft nicht einfach linear, auch nicht im Judentum, auch nicht in Israel. Während Meïr für einen säkularen Staat und Gleichberechtigung eintrat, gewannen orthodoxe Rabbiner in ihren demografisch wachsenden Milieus an Macht. Noch während Meïr regierte, trat der einst in Bagdad geborene Ovadia Josef sein Amt als Oberrabbiner des sephardischen Judentums an.

Im Gegensatz zu den überwiegend europäisch und amerikanisch geprägten Aschkenasim (wörtlich: »Deutschländer«) hatten die Sephardim (»Spanier«, »Andalusier«) und die ihnen zugerechneten Mizrachim (»Orientalen«) überwiegend in islamisch geprägten Regionen gelebt und dort eigene Traditionen entwickelt. Doch vielen von ihnen war dadurch der säkulare Bildungsaufstieg der Aschkenasim versperrt gewesen, und sie hatten es auch im neuen Staat schwer, als sie nach der Gründung Israels in großer Zahl aus ihren Heimatländern vertrieben wurden. Als Jüdinnen und Juden hatten viele erst Antisemitismus und Rassismus erlebt, um dann in Israel sowohl von religiösen wie von säkularen Aschkenasim erneut Herabsetzungen zu erfahren.[4]

Oberrabbiner Ovadia Josef nahm diesen Kampf auf. So erkannte er afrikanisch-jüdische Gemeinschaften wie die Falascha, die sich selbst auch »Beta Israel« nennen, als Jüdinnen und Juden an. In drei riskanten Luftoperationen – »Moses« (1984), »Salomon« (1991) und »Taubenflügel« (2011) – wurden Zehntausende von ihnen nach Israel evakuiert.[5]

Für einen Aufschrei sorgte jedoch die von Rabbi Josef betriebene Gründung der schnell erfolgreichen, sephardisch-orthodoxen Schas-Partei. Die aschkenasischen Eliten verloren damit nicht nur viel innerorthodox-religiöse, sondern auch politische und kulturelle Macht. Immer mehr Israelis sephardischer Herkunft verwarfen Versuche einer Assimilation in den israelisch-aschkenasisch geprägten Nationalstaat und setzten stattdessen auf den Aufbau eigener Medien, Institutionen und Mythen.[6]

Dazu gehörte freilich auch, dass weder Schas noch andere orthodoxe Parteien jemals Frauen oder Nichtjuden in die Knesset entsandten. Als Zipi Livni 2008 damit beauftragt wurde, die israelische Regierung zu bilden, weigerten sich die Zeitungen ihrer orthodoxen Koalitionspartner, Bilder von ihr, einer Frau, zu drucken.[7]

Zunehmend griff Rabbi Josef zentrale Erzählungen des Staates Israel an. So sorgte er 2000 für einen Aufschrei, nachdem er behauptet hatte, dass es sich bei den überwiegend aschkenasischen »Opfern des Holocaust« um »wiedergeborene Sünder« gehandelt habe. 2005 deutete der Geistliche die Flutkatastrophe von New Orleans als »Strafe Gottes« für den Widerstand der damaligen US-Regierung Bush gegen ein israelisches Siedlungsprojekt sowie für die Anmaßung von »Schwarzen«, die Tora studieren zu wollen. 2009 bezeichnete er Muslime in einem Vergleich von Scheidungsregeln als »dumm« und ihre Religion als »so hässlich wie sie selbst«. Und 2010 erklärte der betagte Rabbi, dass Nichtjuden (»Goyim«) generell nur »geboren wurden, um uns zu dienen. Sonst haben sie keinen Platz in der Welt.«[8] Dennoch strömten bis zu 800.000 Menschen zu seiner Beerdigung am 7. Oktober 2013, mehr als zu jeder anderen Bestattung in Israel einschließlich der des ermordeten Ministerpräsidenten Rabin. Und die israelische Post widmete Rabbi Josef zum ersten Todesjahr eine offizielle Gedenkbriefmarke mit Begleitbuch.[9]

Antisemiten griffen die Ausfälle von Rabbi Josef und anderer Ultraorthodoxer natürlich jeweils begeistert auf als Belege dafür, dass doch gerade auch fromme Juden verschwörungsgläubig, rassistisch und frauenfeindlich seien.

Auch der liberale aschkenasische Religionsgelehrte Schalom Ben-Chorin schrieb schon 1984, im Gründungsjahr der Schas, angesichts einer Neuerscheinung seines Buches zum »Gestaltwandel Israels« von der wachsenden Gefahr innerjüdischer Spannungen und einer demografisch-politischen »Reorientalisierung«. So träten auch »negative Züge anderer Völker bei uns in Erscheinung«. Konflikte drohten die eigene Identität zu verformen. »Die Gefahr, dass das Feindbild das eigene Bild verfremdet und brutalisiert, bleibt überall latent.« Auch für Israel gelte: »Der Zusammenprall von Ideal und Wirklichkeit kann nicht ausbleiben.«[10]

Doch mit »Orientalisierung« allein ist der Aufstieg orthodoxer und ultraorthodoxer Traditionen innerhalb des Judentums und auch innerhalb Israels nicht zu erklären. Die aschkenasischen Gemeindestrukturen hatten über Jahrhunderte der Bedrängung lebensförderliche Strukturen entwickelt: Gemeinde-, Sexual- und Eheregeln, der Aufbau von Schulen und Unterstützung für kinderreiche Familien stellten sicher, dass die jüdischen Gemeinden auch Verfolgungen und Austritte überstehen konnten.

Auch heute geht das schnelle Wachstum der jüdischen Orthodoxie sowohl unter Aschkenasim wie unter Sephardim daher nicht auf Mission zurück, sondern auf Demografie. So stieg die durchschnittliche Geburtenrate haredischer (»gottesfürchtiger«) Jüdinnen in Israel von rund sechs Kindern in 1980 auf über sieben in 2013. Anhängerinnen der nationalreligiösen Milieus steigerten ihre Kinderzahl im gleichen Zeitraum auf knapp über vier, und Traditionell-Religiöse verzeichneten einen leichten Rückgang auf drei. Liberal-religiöse und säkulare Jüdinnen erreichten im Durchschnitt weniger als zwei Geburten. Entsprechend schrumpften die linken und säkularen Milieus, die einst Golda Meïr ins Amt gewählt hatten, wogegen nationalreligiöse und orthodoxe Parteien wuchsen.[11]

Nichts daran ist exklusiv jüdisch oder zwingend an staatliche Zuschüsse gebunden: Nach der Einführung gedruckter Bibeln und dank der Religionsfreiheit in Nordamerika erreichten auch die christlichen Old Order Amish, Old Order Mennonites und Hutterer durch streng abgegrenzte Gemeinschaften samt Rollenvorschriften für Frauen und Männer vergleichbar hohe, teilweise sogar höhere Geburtenraten und entsprechend exponentielles Wachstum in den USA, in Kanada und teilweise Südamerika.[12]

Die delikate Balance zwischen Mythen und Wissenschaften, zwischen religiösen und säkularen Lehren, zwischen Demografie und der Gleichberechtigung aller Menschen, auch der Frauen, ist also in Israel und im Judentum ebenso wenig erreicht wie in irgendeinem Staat oder irgendeiner Religionsgemeinschaft. Die Bruchlinie zwischen zunehmend säkular-individualisierten und religiös-kinderreichen Milieus verläuft viel weniger zwischen als *innerhalb* der Religionen.

Und auch das ist nicht so neu, wie es klingt. Die Bibel samt den Psalmen und die aus ihnen abgeleiteten Auslegungen thematisieren seit Jahrtausenden die Demografie.[13] Denn schon in ihren Entstehungen standen auch die semitischen Religionen, Weltanschauungen sowie die Wissenschaften vor dem großen, selten verstandenen Dilemma zwischen Bildung und Familie. Gerade auch dieses findet sich daher – nicht zufällig – schon in den Gründungsmythen von Semitismus und Antisemitismus.

Menschenskinder, die Anthropodizee!

Laut dem 1. Buch Mose sind die ersten Worte, das erste Gebot Gottes an den gerade erschaffenen Menschen: »Seid fruchtbar und mehret euch!« (1. Mose 1,28). Aber warum muss man das Menschen überhaupt sagen?

Auch noch der Entdecker der Evolutionstheorie, Charles Darwin, war im 19. Jahrhundert dem Irrtum des Ökonomen Thomas Robert Malthus aufgesessen, nach dem sich Menschen ebenso biologisch vorbestimmt vermehren würden wie Tiere und Pflanzen.

Deswegen werde es immer eine Überzahl an Menschen geben, die dann in einen gnadenlosen Kampf ums Überleben geworfen würden. So funktioniere Natur, so funktioniere Evolution.[14]

Sozialdarwinisten, Rassisten und Antisemiten zelebrieren diesen Irrtum bis heute wie keinen anderen. Er bildet die Grundlage ihres gewalthaltigen. mythologischen Weltbildes. Entsprechend raunte auch Hitler, »das Schlechtere« würde »sich so viel schneller vermehren, dass endlich das Beste zwangsläufig in den Hintergrund treten müsste, wenn eben nicht eine Korrektur dieses Zustandes vorgenommen würde«.[15] Es ist das völlig identische Argument, das auch schon der biblische Pharao verwendete, als er den Kinderreichtum der Hebräer als Bedrohung präsentierte und zum Massenmord schritt (2. Mose 1,9–10).[16]

Doch die Grundannahme war und ist falsch. Und ironischerweise ist sogar das Blatt Papier erhalten, auf dem der junge, damals noch christlich-religiöse Darwin 1838 das Für und Wider einer Familiengründung abwog und sich schließlich, mit einer Anrufung Gottes, für ein Leben als Familienvater mit schließlich zehn Kindern entschied.[17]

Wann immer Menschen es konnten, entschieden sie frei wie Darwin über ihre Bindungen, und heute leben Milliarden Frauen und Männer glücklich mit wenigen oder gar keinen Nachkommen. Die Geburtenraten befinden sich weltweit in freiem Fall und sind in immer mehr Staaten – einschließlich z. B. der Türkei, des Iran, Chinas und Japans – längst unter die sogenannte Bestandserhaltungsgrenze von zwei Geburten pro Frau gefallen. Ganz entscheidend dafür ist die Quote der Alphabetisierung, und weltweit gilt: Je höher Menschen formal gebildet sind, desto seltener entscheiden sie sich für Kinder![18]

Dieser Zusammenhang war den semitischen Schriftgelehrten der Antike nicht nur bereits bekannt, er wurde gerade auch im rabbinischen Judentum intensiv diskutiert. So überliefert der Talmud (in bYebamot 63b) eine Debatte über die Frage, warum Gott dem Menschen überhaupt die Fortpflanzung geboten habe.

Rabbi Elieser habe dazu erklärt: »Wer kein Kind hat, macht sich gleichsam des Blutvergießens schuldig« – ein Mörder beende ein Leben, ein freiwillig Kinderloser hindere es am Entstehen. Rabbi Jaakov schlug dagegen eine andere Herleitung vor: »Wer kein Kind hat, hat gleichsam das Bild Gottes herabgesetzt, denn es steht geschrieben, dass Gott den Menschen nach seinem Bilde schuf.« Simon ben Azzai habe sogar beiden Recht gegeben – und sich daraufhin eine Rüge des Gremiums eingefangen. Denn er war selbst unverheiratet und kinderlos, lebe also nicht, was er lehren wolle. »Manche Frauen reden und handeln gut; du redest zwar gut, aber dein Verhalten steht im Widerspruch zu deinen Worten!«, warfen ihm seine Kollegen vor. Ben Azzai habe verzweifelt geantwortet: »Was kann ich dafür? Meine Seele ist zu sehr in die Thora verliebt.«[19]

Selbst also das Studium der religiösen Texte konnte in einen Konflikt mit der Familiengründung geraten – und tatsächlich würden nicht wenige semitische Traditionen das Zölibat für ihre Geistlichen gestatten oder gar vorschreiben. Doch nach der Zerstörung des zweiten Tempels und der Zerstreuung der Überlebenden unter nichtjüdische Mehrheiten entschieden die frühen Rabbiner anders. In einer komplexen und philosophisch leider noch kaum beachteten Debatte kamen sie zu dem Schluss, dass Gott zur Familiengründung verpflichte. Aber warum sollten Gottheiten überhaupt die Existenz von Menschen wünschen?

Götter und Menschen bei Gilgamesch und Noah

Dass auch diese Frage schon seit Jahrtausenden die Schriftgelehrten beschäftigte, können wir faszinierenderweise wiederum den Erarbeitungen des Noahmythos entnehmen. Und damit ist nicht nur gemeint, dass der biblische Gott dort sein Fortpflanzungsgebot gegenüber der überlebenden Familie noch einmal wortgleich wiederholt (1. Mose 9,16).

So hatte Utnapischtim im ältesten erhaltenen Mythos der Erde dem Gilgamesch die »verborgene Kunde« eröffnet, nach der »die Götter« der Menschheit der Stadt »Schurippak« am »Ufer des Euphrat« überdrüssig geworden seien und eine vernichtende Flut entfesselt hätten.

Doch *ein* Gott – Ea – habe diesen Entschluss für falsch gehalten und ihn, einen Bewohner der Stadt, mit dem Bau einer Arche beauftragt, um darin Menschen und Tiere zu retten. Am siebenten Tage der zerstörerischen Sintflut sei »die ganze Menschheit zu Erde geworden«, das Schiff »am Berge Nissir« angelandet. Nachdem Taube und Schwalbe ohne Landeplatz zurückgekehrt seien, habe ein Rabe schließlich wieder trockenes Land gefunden.

Nun habe Utnapischtim die Arche wieder geöffnet und mit einem Rauchopfer die Gunst der Götter zurückgewonnen, die sich »wie Fliegen« um den »süßen Duft« des Opfers versammelt hätten.

Ea habe nun dem Hauptverantwortlichen der Sintflut, dem Gott Ellil, Vorhaltungen gemacht: »Wie konntest du nur unbedachtsam eine Sturmflut erregen? Den, der Sünde tut, lass seine Sünde tragen! Den, der Frevel tut, lass seinen Frevel tragen. Doch siehe zu, dass er nicht vernichtet werde, sei langmütig, dass er nicht vertilgt werde!« Ein Löwe oder Wolf, eine Hungersnot oder Pest hätten doch auch gereicht, »die Menschen zu vermindern«. Dann habe Ea »Utnapischtim und sein Weib« an der Stirn berührt, gesegnet und zu Göttern erhoben.[20]

In dieser ältesten uns erhaltenen Version des Noahmythos lieben die Götter die Menschen noch nicht, sondern fühlen sich von ihnen gestört. Erst, nachdem sie die Menschheit durch die Sintflut fast vernichtet hatten, hätten sie gemerkt, dass sie ohne deren Opfer hungern würden. Entsprechend habe der kluge Gott Ea seine

Mitgötter getadelt und auch in deren eigenem Interesse auf zukünftige Gerechtigkeit gedrängt.

Im biblischen, später in Babylon anverwandelten Noahymthos ist die Gerechtigkeit dagegen an den Anfang gerückt: Nicht mehr die Existenz, sondern die Ungerechtigkeit der Menschen erzürnt die Gottheit. Umgekehrt vermag Noahs Gerechtigkeit und dann sein Opfer den Zorn Gottes zu besänftigen. Diesen hungert also nicht nach Opferfleisch und Rauch, sondern nach Gerechtigkeit. Jetzt treten Gott und Menschen in ein Liebes- und Bündnisverhältnis zueinander, symbolisiert im Regenbogen. Beide lernen dazu und finden so gemeinsam eine Antwort auf die Frage der Anthropodizee, der Weiterexistenz der Menschen.

Entsprechend vertrat nach der Niederschrift des Noahmythos der gestrenge Schammai im Talmud (in Yebamot 61b) die Meinung, dass erst die Geburt zweier Söhne das göttliche Gebot ausreichend erfülle. Die Lehrtraditionen mussten auch über die Familien fortgeführt werden! Diesmal aber setzte sich die mildere Auffassung Hillels durch, der die Auffassung vertrat, dass es mindestens einen Sohn und eine Tochter brauche – schließlich habe sich Gott im Menschen als Mann und Frau verbildlicht. Einig waren sich die Gelehrten jedoch im strikten Verbot der Kindstötung und -aussetzung, einer noch in der Antike völlig gängigen Praxis, die sich vor allem gegen behinderte und gegen weibliche Kinder richtete. Schon der römische Historiker Tacitus führte in seinen »Historien« von 106/107 an, den Juden gelinge es, »für die Vermehrung des Volkes Sorge« zu tragen, da sie der »Liebe zur Geschlechtsfortpflanzung« untereinander »frönten« und zugleich Kindesmord ablehnten.[21] Noch heute wachsen in nicht-semitisch geprägten Regionen Chinas und Indiens deutlich weniger Frauen als Männer auf.

Genau hier liegt auch der leider selten beachtete Grund dafür, dass der biblische Pharao des Exodus-Mythos zunächst nur die jüdischen Jungen töten wollte. Wäre es ihm tatsächlich nur um die Reduktion der Zahl der Sklaven gegangen, so wäre die Tötung der Mädchen und die weitere Ausbeutung der männlichen Sklaven logischer gewesen. Doch in praktisch allen agrarischen und vorsemitischen Kulturen und Religionen wurden weniger Mädchen als Jungen großgezogen, da Erstere mit der Heirat das Elternhaus verließen und deshalb als weniger wert galten.[22]

Anstatt die Wertschätzung für die eigenen Mädchen zu erhöhen, versuchte auch der Pharao den einfacheren Weg zu gehen und die Hebräerinnen als Beute zu behalten. In seinem Hass würden ihn schließlich die rassistischen Antisemiten der Neuzeit noch übertreffen.

Margarete und Sulamith

Als Paul Celan im Gedicht »Todesfuge« die Vernichtung von Jüdinnen und Juden in den NS-Konzentrationslagern thematisierte, fand er die denkbar stärksten Bilder dafür. In der »schwarzen Milch« finden sich Tod und Leben verkehrt. Der KZ-Mörder – »der Tod ist ein Meister aus Deutschland« – schreibt seiner geliebten Margarete, während er die jüdische Sulamith ermorden lässt. Damit endet auch die Todesfuge: »dein goldenes Haar, Margarete / dein aschenes Haar, Sulamith«.

Sulamith, die weibliche Form von Salomo, war nicht nur ein verbreiteter jüdischer Name, sondern spielte auf die ob ihrer Schönheit und Anmut Geliebte im biblischen »Hohelied Salomos« an.

Doch auch die heilige Margareta (aus dem Griechischen: »die Perle«) hat eine viel tiefere Bedeutung, als gemeinhin wahrgenommen wird. Nach der Legende bereits um 300 n. Chr. bei einer Christenverfolgung zu Tode gefoltert, wurde sie schon ab dem 5. Jahrhundert von Päpsten abgelehnt – und setzte sich dennoch durch. Denn in ihrem Heiligenmythos war Margareta durch ihren

Glauben aus dem Körper eines teuflischen Drachen ausgebrochen – und damit zur Schutzheiligen aller Schwangeren geworden, die sich eine gelingende und sanfte Geburt erhofften. So wurde sie zur beliebten Heiligen und Namensgeberin gerade auch in Adelsfamilien. Von der Pfarrkirche St. Margaret's mitten im englischen Regierungsviertel bis zu jener Königin, die 1889 in Neapel die dann nach ihr benannte »Pizza Margherita« bestellte, reichen Spuren quer durch Europa. Im deutschen Sprachraum wurde das »Gretchen« aus Goethes »Faust« am berühmtesten. Sie stellte dem Doktor die sprichwörtliche Gretchenfrage nach der Religion, wurde von dem Untreuen geschwängert und im Stich gelassen und errettete ihn schließlich doch vor dem Zugriff des Teufels.[23]

Indem Celan den Mord an der jüdischen Sulamith mit der Sehnsucht nach der christlichen Margarete kontrastierte, entlarvte er die tiefe Widersinnigkeit des rassistischen Antisemitismus. Wie sollte es möglich sein, das Leben gleichzeitig zu lieben und zu morden? Im Wunsch, alles semitische Leben zu vernichten, hatte sich der Antisemitismus selbst von den Wurzeln des Lebens abgetrennt.

Auch in Hitlers Schriften taucht »das Weib« nicht als geliebte Partnerin, sondern als minderbegabtes, zur Unterwerfung bestimmtes Geschöpf auf. Seine langjährig verheimlichte Geliebte Eva Braun – die im Laufe der ungleichen Beziehung zu ihm mehrere Suizidversuche unternahm – heiratete er erst einen Tag vor der gemeinsamen Selbsttötung.[24]

Auch der Wahnwitz der NS-»Lebensborn«-Heime, in denen abseits der offiziellen Ehen »arische« Kinder gezeugt, geboren und großgezogen werden sollten, unterstreicht das gestörte Verhältnis der Antisemiten zur verhassten Sulamith und abwesenden Margarete, die Unfähigkeit zum gleichberechtigten Miteinander von Mann und Frau.[25]

Sems namenlose Frauen

Nach dem Noahmythos sind alle Menschen nicht nur Kinder des Noah, sondern in einem noch direkteren Sinne Kinder seiner Frau. Doch die Bibel nennt ihren Namen nicht, ebensowenig wie jenen der Gattin Sems, Japheths oder Hams. Wie schon im viel älteren Gilgamesch-Mythos trägt nur der Kapitän der Arche einen Namen, und nur er spricht. Erst im »Buch der Jubiläen« aus dem 2. Jahrhundert v. Chr., das in späteren Versionen in den Bibelkanon der äthiopisch-orthodoxen Kirche aufgenommen wurde, liegen uns erste Namen vor: Emsara für die Gattin des Noah und Sedeketelbab für die Ehefrau des Sem, der ebenso wie seine beiden Brüder Japheth mit Adataneses und Ham mit Neelatamauk je eine Stadt gegründet und nach seiner Partnerin benannt habe.[26]

Die semitischen Schriftgelehrten jener ersten Jahrtausende waren fast ausschließlich Männer. Und viele nutzten ihre literarische Macht lange – und zum Teil bis heute – auch, um Frauen zum Verstummen zu bringen. Selbst in den geschilderten rabbinischen Debatten um die Geburt von Menschen lesen wir – absurderweise – keine weiblichen Meinungen. Dass Simon ben Azzai wegen seiner Kinderlosigkeit herabsetzend mit Frauen verglichen wurde, unterstreicht vielmehr noch die Schwere der Rüge gegen ihn.

Auch das in den »Sprüchen Salomos« zitierte »Lob der Hausfrau« wurde einer namenlosen Mutter »Lemuels, des Königs von Massa« zugeschrieben (Spr 31,1). Es entwirft das Idealbild einer Frau, die sich neben der Führung des Haushalts und dem Aufziehen der Kinder auch um das Familieneinkommen sorgt und mit alldem ihrem Gatten das Studium der Tora ermöglicht.

Sicher: Immer wieder begehrten auch jüdische Frauen gegen die männliche Dominanz der Schriftgelehrsamkeit auf und errangen sich eigene Namen. Der große Rabbi Schlomo Jizchaki Raschi im 11. Jahrhundert hatte keine Söhne und lehrte stattdessen seine Töchter. Vor allem zwei von ihnen, Jocheved und Miriam, wurden für ihre Bildung gerühmt und brachten wiederum gelehrte Kinder hervor, sodass über sie eine hochgeachtete Familienlinie von Weisen entstand. Dulcea von Worms und Licoricia von Winchester schrieben im 12. Jahrhundert bedeutende Texte, und in Kurdistan wurde Asenath Barzani im 17. Jahrhundert sogar der Titel einer Rabbinerin verliehen. Kurz nach ihr brachte es Frecha bat Josef in Marokko als Verfasserin von Gedichten und Gebeten zu großem Ruhm. Selbst im streng orthodoxen Osteuropa scharten sich Schüler um die Rebbe Hanna Rachel Verbermacher, die schließlich nach Jerusalem zog.[27]

Doch nur in einigen Strömungen des liberalen und konservativen Judentums, des evangelischen und freikirchlichen Christentums sowie des liberalen Islams konnten Frauen bislang echte Gleichberechtigung auch in der Religion erreichen. Und gerade diese liberalen Strömungen sind derzeit durch Kindermangel einerseits und durch Säkularisierung mit Mitgliederverlusten andererseits besonders unter Druck geraten.

In seinem Noah-Comic und -Film von 2014 thematisierte Darren Aronofsky die Frage der Anthropodizee zentral: Sein Noah glaubt, dass seine Familie zur Rettung der Tiere zwar überleben dürfe, es danach aber keine weiteren Menschen mehr geben solle. Deswegen lässt er – in dieser Version des Mythos – Hams Partnerin zurück und will auch die auf der Arche geborenen Kinder Sems töten. Erst der Anblick der weinenden und ihre Neugeborenen beruhigenden Mutter hält Noah im letzten Moment zurück, erst jetzt beginnt aus dem Gerechten auch ein Liebender zu werden. Aronofsky überließ der Gattin Sems, Ila, in beiden Medien die letzten, lebensbejahenden Worte.[28]

Im Film wurde diese Ila, die stolze Partnerin und Ehefrau des Sem, nicht weniger als die mythologische Urmutter aller Semiten und Bewahrerin der Menschheit, von Emma Watson gespielt, einer engagierten Feministin, die zuvor als bildungshungrige Hermine an der Filmseite von Harry Potter weltbekannt geworden war.

Und wieder treten uns Noah und Sem und ihre Partnerinnen aus dem Mythos quer durch die Jahrtausende mit ganz aktuellen Fragen entgegen: Ob wir auf eine Zukunft hoffen dürfen, in der Frauen und Männer gleichberechtigt Mythen auslegen, Theorien entwickeln und in freiwilligen Partnerschaften weder zu viele noch zu wenige Kinder großziehen werden? Und wenn ein solches Miteinander nicht entwickelt würde: Wie könnten Religionen, Gesellschaften, Staaten auf Dauer gelingen, solange eine Mehrheit der erwachsenen Bevölkerung nicht gleichberechtigt gehört wird?

Wer Sulamith der Verschwörung bezichtigt, wird auch Margarete niemals wirklich respektieren. Und wer Sedeketelbab, Ila und Golda nicht hören und sehen will, zerschneidet die Erzählung, die uns Heutigen mit Noah und seiner Familie verknüpft.

3.2 Die Zukunft gestalten

> »Ich will segnen, die dich segnen, und verfluchen, die dich verfluchen; und in dir sollen gesegnet sein alle Geschlechter auf Erden.«
>
> *Gott an Abra(ha)m, Bibel,1. Mose 12,3*[29]

> »Nein, der Jude besitzt keine irgendwie kulturbildende Kraft, da der Idealismus, ohne den es eine wahrhaftige Höherentwicklung des Menschen nun einmal nicht gibt, bei ihm nicht vorhanden ist und nie vorhanden war.«
>
> *Adolf Hitler in »Mein Kampf« (1925)*[30]

Oft werde ich gefragt, warum ich angesichts der beiden deutschen Diktaturen, unter denen meine Familie zu (über-)leben hatte, angesichts der schwierigen Themen wie Extremismus und Antisemitismus, der Arbeit mit Gedenkstätten und verfolgten Gruppen und schließlich der Erfahrungen im Irak nicht an uns Menschen verzweifle. Wenn man all dies sieht und hört und liest – kann man dann noch daran glauben, dass die Menschheit lernen kann und einer besseren Zukunft entgegengeht?

Und, ja, in dem Moment, als ich bei Kocho vor den Massengräbern yezidischer Opfer stand und brutal an das Massengrab jüdischer Opfer in meiner Heimatstadt erinnert wurde, spürte ich innerlich etwas zerbrechen – die Hoffnung, dass der Hass aus Verschwörungsglauben nur ein Thema der Vergangenheit sein würde. Die schreckliche Wahrheit ist, dass viele Antisemitinnen und Antisemiten klug sind und hochprofessionell arbeiten, sich in ihrer eigenen Weltsicht als unschuldige Opfer und heldenhafte Verteidiger gegen eine vermeintlich jüdisch bestimmte Weltverschwörung verstehen. Spanische Inquisitoren, deutsche Nationalsozialisten und arabische Islamisten glaubten bzw. glauben allen Ernstes, sie würden ihre Kirche, ihr Volk und ihren Propheten gegen eine Verschwörung verteidigen.

Selbst nach dem Menschheitsverbrechen der Schoah ist der Antisemitismus nicht verschwunden – und er wird sogar eine Zukunft haben. Solange Menschen leben, werden in jeder Generation semitische und antisemitische Mythen um die Herzen und die Köpfe ringen. Jede Generation und letztlich jeder und jede von uns wird immer wieder selbst vor der Grundfrage stehen: Reicht unser kritisches Vertrauen in die Institutionen von Medien und Politik, von Wirtschaft und Recht, von Wissenschaft und Religion, um reale Verbesserungen zu erzielen, um die Zukunft weiter aufzuhellen? Oder verfallen wir dem Glauben an die verborgene Weltherrschaft böser Mächte und ziehen uns in gefühlte Wahrheiten des generalisierten Misstrauens, der Angst und schließlich des Hasses zurück?

Und hier finden wir schließlich auch den grundlegenden Unterschied in der Gestimmtheit, im Zeit- und Zukunftsverständnis semitischer und antisemitischer Mythologien: Die einen gehen trotz aller Rückschläge und Verbrechen von einem aufsteigenden Fortschritt aus. Die anderen erleben sich trotz aller Erfolge etwa in Wissenschaft, Demokratisierung und Lebenserwartung in einem Zyklus von Aufstieg und Verfall, sodass die Zukunft und »die Eliten« immer als bedrohlich erscheinen, die je eigene, als vermeintlich heil konstruierte Herkunft hingegen als das einzig Sichere. Für Semiten ist das Morgen zumindest potentiell besser als das Heute. Für Antisemiten war ein idealisiertes Gestern immer besser als die angeblich bereits von Verschwörern zersetzte Gegenwart. Nicht zufällig feiern antisemitische Bewegungen Krisen, Katastrophen und Gewalt als vermeintliche Bestätigung ihrer Weltsicht sowie als Möglichkeiten, weitere Anhängerinnen und Anhänger zu rekrutieren. Wer ihnen nicht folgt, gilt als naiv oder als Teil der Verschwörung.

Was mir persönlich immer wieder Mut und Kraft gibt, sind zwei Beobachtungen: Einmal verbessert sich – wissenschaftlich überprüfbar – das Leben von immer mehr Menschen, steigen Bildung, Einkommen und Lebenserwartung, wenn auch oft zu langsam und vor allem zu ungerecht verteilt. Aber wer nicht bereits völlig in eine antisemitische Parallelwelt abgeglitten ist, kann nicht leugnen, dass Mittel- und Westeuropa noch nie eine so lange Friedensperiode erlebt haben, dass neue Entdeckungen nicht zuletzt in der Medizin Leid verringern und die Menschheit tatsächlich bereits aus den Zyklen der Erde ausgebrochen ist und den Mond erreicht hat. Und über diese ganz nüchternen Betrachtungen hinaus sind es die vielen Menschen, die sicher nicht immer, aber immer wieder die richtige Wahl treffen. Menschen wie Meinhard Tenné und Barbara Traub haben in Jahren ehrenamtlichen Engagements die jüdische Gemeinde in Württemberg zum Leuchten gebracht. Auch das Sonderkontingent für die Frauen und Kinder aus dem Nordirak wäre nicht möglich gewesen ohne Freiwillige, die bereit waren, für das Wohl anderer ihr eigenes Leben zu riskieren. Tatsächlich haben fast alle Fachleute, die ich für das Sonderkontingent mit einem ehrlichen Hinweis auf die Gefahren angesprochen habe, zugesagt. Wenn es darauf ankommt, wachsen viele Menschen über sich hinaus! Und so, wie es noch keine Generation und kein Volk ohne Bosheit gab, so gab es auch keine ohne Güte.

Einige der besten Gespräche über das Wesen des Menschen führte ich mit unserem Traumapsychologen Jan-Ilhan Kizilhan, der selbst aus einem kurdisch-yezidischen Dorf in der Türkei stammt und sich gegen alle Widerstände an die Spitze psychologischer Forschungen gearbeitet hat. In einem Interview zum Wesen des Bösen bezifferte er die Zahl der von Menschen ermordeten Mitmenschen auf etwa 500 Millionen – und täglich werden es mehr. Und doch hob auch er den antisemitischen Genozid des Naziregimes an Jüdinnen und Juden hervor, da er auch im Irak und konkret bei Gesprächen mit gefangenen IS-Anhängern »ähnliche Muster« wahrgenommen hatte: »Es geht um die Entmenschlichung des Menschen.«[31]

Als Religionswissenschaftler kann ich ihm nur zustimmen: Es gab und gibt viele Ideologien der Menschenverachtung, aber keine ist so lange, global und intensiv ausgearbeitet worden wie die Mythologie des Antisemitismus. Dies nicht, weil Jüdinnen und Juden bessere oder schlechtere Menschen gewesen wären, sondern weil sie den Semitismus in die Welt gebracht haben: die Alphabetisierung von Religion und Recht und damit die Grundlagen unserer längst globalen Zivilisation.

Wer dagegen Hass entwickelt, dahinter eine Verschwörung vermutet, wird fast unweigerlich in den Trichter der Verschwörungsmythen abrutschen und immer mehr rassistische, antiliberale und antisemitische Überzeugungen in sich aufnehmen. Der Antisemitismus trägt nicht nur den Keim des Irrtums, sondern den der Selbstzerstörung in sich.

Ja: Hitler, Eichmann, Stalin, Ahmadinedschad, Anders Breivik, Osama bin Laden, Al-Baghdadi, Robert Bowers, die Gebrüder Kouachi und Abertausende weitere Antisemiten konnten morden – doch sie konnten nicht siegen. Der Antisemitismus zerstört nur; er kann aber weder stabilisiert werden noch irgendetwas von Dauer errichten. Er bleibt in den Mythen der Verneinung gefangen und schon deswegen dem lebensbejahenden Semitismus unterlegen.

Die Psycho-Logik des Antisemitismus

»Mit der Geburt des jüdischen Volkes kam auch der Antisemitismus zur Welt«, lautet einer der traurigsten und doch wahren Sätze des Jerusalemer Psychologen und Religionsgelehrten Gabriel Strenger. Und: »Die Mechanismen des Antisemitismus sind seit biblischen Zeiten wohlbekannt.« Doch: »Trotz aller Analysen und Erklärungsversuche waren und bleiben die tiefen Ursachen des Antisemitismus ein Mysterium.«[32]

Ich hoffe, dass es gelungen ist, mit diesem Buch einen Blick auf die »tiefen Ursachen des Antisemitismus« zu werfen und das »Mysterium« ein wenig zu enthüllen.

Es wäre zwar einfacher, in Antisemiten Kranke oder Besessene zu sehen, die von einer dämonischen Macht fremdgesteuert wären. Doch die Analyse der antisemitischen Medienerzeugnisse – vor allem der Reden, aber auch der Schriften, Skulpturen, Hörstücke, Filme und Webpages – zeigt gerade nicht Spuren wirrer Unzurechnungsfähigkeit, sondern eine in sich geschlossene, dualistische Mythologie. Sie, ich, wir haben also eine Wahl, wie wir unseren Geist möblieren, welche Medien und Mythen wir an uns heranlassen. Mit dem aufmerksamen, intensiven Lesen treffen wir bereits eine gut semitische Wahl. Denn erst das Sem zugeschriebene Medium der Alphabetschrift machte die darauf aufbauenden, »semitischen« Zukunftsentwürfe eines gleichberechtigten Menschen- und

Völkerrechts mit Bildung und Frieden, Freiheit und Fortschritt für alle denkbar.

Wer den Antisemitismus nur »den Juden zuliebe« bekämpft, hat die Bedrohung noch nicht verstanden. Schon die biblische Exoduserzählung verortet den Antisemitismus, verkörpert in einem populistischen, geschichtsvergessenen Pharao, zeitlich *vor* der Toraverkündigung am Sinai. Antisemitismus richtet sich immer *auch*, aber niemals *nur* gegen Jüdinnen und Juden.

Daher eskaliert Antisemitismus auch ganz ohne jüdisches Gegenüber, dann sogar umso mehr. Er radikalisierte sich in Spanien nach den Zwangstaufen und Vertreibungen der »Kinder Sems« ebenso, wie er heute arabisch- und turksprachige Gesellschaften Jahrzehnte nach der Vertreibung ihrer jüdischen Minderheiten zersprengt. Der Mythos einer jüdisch mitbestimmten Weltverschwörung lässt sich auf tatsächliche und behauptete Nachfahren von Jüdinnen und Juden ebenso ausweiten wie auf echte oder vermeintliche Freimaurer und Illuminaten, auf Marxisten, Humanisten, Sinti und Roma, auf Yeziden, auf US-Amerikaner und Kurden, auf Protestanten und Katholiken, auf Schiiten, Sunniten, Aleviten und immer, ausnahmslos immer auf die vermeintliche »Lügenpresse«, auf jede unabhängige Justiz, auf Ärzte und auf empirisch forschende Wissenschaften. Deswegen dient der Kampf gegen Antisemitismus keinesfalls nur dem Schutz jüdischen Lebens oder des israelischen Staates – sondern dem Schutz aller Menschen, Religionen, Weltanschauungen und Staaten. Antisemitismus bedroht am Ende uns alle.

Gerade weil es empirisch keine Superverschwörung gab oder gibt, kann sich der Dualismus immer wieder nur über bereits vorhandene Verschwörungsmythen beglaubigen und zieht damit Antisemiten und Antisemitismus unweigerlich an. Franziska Schreiber hat in ihrem Buch »Inside AfD« überzeugend beschrieben, wie schnell das digitale Abrutschen in den Verschwörungstrichter heute vor sich geht und wie sich die ursprünglich nur »eurokritische« Professorenpartei binnen weniger Jahre verschwörungsgläubig, rassistisch und antisemitisch radikalisierte.[33]

Religionswissenschaftlich Kundigen werden dabei die verblüffenden Parallelen zu den Ausstiegserfahrungen von Sektenmitgliedern ins Auge fallen. Denn antisemitische Parteien sind so wenig konstruktiv politisch, wie antisemitische Prediger noch konstruktiv religiös sind – sie lösen keine Probleme und stiften kein Vertrauen mehr, sondern definieren sich nur noch negativ über Mythen vom vermeintlich weltbeherrschenden Bösen. Deswegen war die NSDAP nie als eine wirklich politische Partei gedacht, und deswegen war das »arische Christentum« kein Christentum mehr. Ebenso wenig ist der antisemitisch politisierte Islam noch genuin religiös oder die »Germanische Neue Medizin« noch tatsächlich medizinisch.

Denn so, wie der Semitismus mit seiner Kombination aus Bildungsaufstieg, Gott- und Weltvertrauen positive, lebens- und erkenntnisförderliche Dynamiken auslöst, so reißt umgekehrt der Antisemitismus auch die Antisemiten mit sich hinab. Auf den gefühlten Irrtum und die erregende Angst folgt das Ja zur Lüge, zu Manipulation und Gewalt – und all dies gerechtfertigt durch den Glauben an die verschwörerische Weltherrschaft des Bösen. Der Antisemitismus zerstört das mühsam aufgebaute Vertrauen, das nicht nur die Grundlage des geistigen, sondern auch des familiären, politischen und wirtschaftlichen Lebens bildet. Am Ende vernichtet sich der Antisemit in eingebildeter Notwehr schließlich selbst – nicht selten tatsächlich im Suizid und Selbstmordattentat. Und je länger sich Menschen in den dualistisch-geschlossenen Mythensystemen des Antisemitismus verfangen haben, desto seltener gelingt ihnen noch der ehrliche Ausstieg. Von der eingesponnenen Opferrolle zur ehrlichen Selbstkritik ist der Weg weit – und nicht nur für die Eichmanns, sondern auch für die Heideggers oft allzu weit.

Die Macht von Medien und Rhetorik

Niemand von uns ist hilflos gegen die finstere Medien- und Mythenwelt des Antisemitismus. Ja, wenn wir etwas von den Antisemiten lernen können, dann doch die zu lange unterschätzte Wirkung von Medien, Mythen und Rhetorik!

Schon als Sprechende und Schreibende sind wir Medienproduzenten – und in digitalen Zeiten sind wir nicht nur passive Konsumenten, sondern aktive »Prosumenten«.[34] Und so macht es schon einen Unterschied, ob wir Semiten als »Rasse« missdeuten, statt Sem als mythologischen Vorfahren zu ehren. Wir rahmen den Antisemitismus viel zu vernünftig ein, wenn wir Verschwörungsmythen weiterhin falsch als »Verschwörungs*theorien*« adeln. Es kostet uns nicht viel, Verräter nicht länger als »Judas« zu beschimpfen, Schokoküsse nicht als »Negerküsse« anzupreisen und Sinti und Roma nicht als »Zigeuner« zu bezeichnen. Antisemitinnen und Rassisten verstehen leider oft besser als Demokraten, wie mächtig das gesprochene Wort auch für das Denken und Fühlen ist!

Wir können, ja wir müssen immer wieder danach streben, in den Ansprüchen an unsere Medienprodukte – an Erzählungen, Vorträge, Kunstwerke, Zeitungen, Hörstücke, Filme, Blogs usw. – höher zu zielen als die Antisemiten. Wer nicht bereit ist, zu lernen, verständlich, interessant und überprüfbar seine Mitmenschen zu informieren, setzt Zuhörerinnen und Mitwirkende herab und schadet dem »öffentlichen Dienst« der aus Steuern und Gebühren finanzierten Politik und der Wissenschaften, der Schulen und Medien. Cicero hatte Recht, als er Grundkenntnisse der Rhetorik und ihrer Wirkung als Voraussetzung für öffentliche Ämter forderte. Langweilige Reden und erstarrte Rituale – gerade auch im Kontext von Antisemitismus und Gedenken – eröffnen Populisten Räume.

Antisemitismus und Rassismus werden immer dort gedeihen, wo die Bildungs- und Lebenschancen von Kindern von der Herkunft und dem Geldbeutel der Eltern bestimmt werden. Gebührenfreie Bildungssysteme mit einer möglichst frühzeitigen massiven Sprach- und Leseförderung, stark ausgestattete Ganztagsschulen mit hochwertigem Geschichtsunterricht und Medienpädagogik und schließlich die Möglichkeiten zu lebenslanger Weiterbildung stellen die beste Immunisierung gegen populistische und antisemitische Verführer dar. Religiöse und weltanschauliche Schulen sollen Vielfalt, Engagement und Wettbewerb fördern, dürfen aber keinesfalls zu Neben- oder gar Gegengesellschaften führen. Wer z. B. die Evolutionsforschung als Verschwörung denunziert, schubst Kinder bereits in ein dualistisches Misstrauen und sollte weder in Europa noch in den USA, in Israel oder sonstwo staatlich gefördert werden.

Der Dialog mit den Naturwissenschaften, insbesondere mit Hirn- und Evolutionsforschungen, bietet eine noch kaum erschlossene Chance für die reflektierte Weiterentwicklung semitischer Religionen und Weltanschauungen und ihrer lebensförderlichen Potentiale.

Die Vertreterinnen und Vertreter von Religionsgemeinschaften sollten sich als »die« berufenen Gestalter von Mythen und Medien verstehen. Wo immer es Reflektionen und Forschungen zu Medien und Glauben gibt, wird es sofort spannend und zukunftsorientiert.[35] Der Hauptlernort bleibt dabei die Familie, und nicht zufällig ist auch Sem kinderreich.

Und schließlich haben wir alle die Chance, die Ausbeutung von Menschen durch Menschen weiter abzubauen. Schon die Erfindung der Maschinen hat die Sklaverei obsolet gemacht, und der Abschied von der Verbrennung fossiler Rohstoffe bildet unsere nächste große Chance. Mit jeder Umstellung auf erneuerbare Energieträger, auf Recycling und neue Werkstoffe reduzieren wir nicht nur die Vergiftungen unserer Umwelt.

Nur so reduzieren wir auch die verhängnisvolle Macht der Rohstoff-, Öl- und Gasförderer, die ihre Einnahmen oft mit autoritären, rassistischen und antisemitischen Verschwörungsmythen absichern und damit ganze Staaten, Religionen, Weltanschauungen und längst globale Mediensysteme vergiften.

Je mehr wir Energie dezentral gewinnen und gerade auch untere und mittlere Einkommen fair an den technologischen Produktivitätsgewinnen beteiligen, umso schneller nähern wir uns einer Welt jenseits des Unrechts an Kanaan. Es liegt auch an uns, wie viele Menschen noch durch Menschen ausgebeutet werden.

Und was ist mit Israelkritik?

Keine Frage wird mir häufiger gestellt als jene, »ab wann Israelkritik antisemitisch« wäre. Dabei ist die Antwort nicht schwer: Israel ist ein Nationalstaat wie jeder andere auch. Es reicht also, Israel als Nationalstaat unter Nationalstaaten zu akzeptieren und das gleiche Maß an Kritik zu üben, wie es auch gegenüber anderen Nationalstaaten zu Recht geübt wird. Wer dagegen Israel weiterhin – ablehnend oder zustimmend – als Produkt westlichen Kolonialismus und Imperialismus deuten will, geht fehl. Vor seiner Gründung lebten bereits Abertausende Jüdinnen und Juden in der Region, Zigtausende weitere wurden aus Europa vertrieben und nach der Staatsgründung noch einmal Hunderttausende aus der islamischen Welt. Es ist Zeit, das endlich zu akzeptieren und nach pragmatischen, regionalen Friedenslösungen zu suchen.

Entsprechend gilt auch umgekehrt: Wer Jüdinnen und Juden nur als vermeintlich »bessere Menschen« und den Staat Israel nur als Gottesstaat akzeptieren kann, hat den Antisemitismus gerade *nicht* überwunden. Erst wenn es uns gelingt, das Verhalten jüdischer und israelischer Menschen und Institutionen mit der gleichen Selbstverständlichkeit zu bewerten wie das aller anderen Menschen und Institutionen auch, ist der Antisemitismus besiegt.

Trotz allem optimistisch

Ich kann mir also durchaus vorstellen, dass wir – oder realistischer: unsere Enkel – einmal eine Welt mit deutlich weniger Rassismus und Antisemitismus erleben werden. Aber bis dahin werden Verschwörungsmythen noch viele Leben zerstören, viele geistige, kulturelle und wirtschaftliche Chancen zertrümmern. Deswegen kann und will ich weder mit Jubel noch mit Kriegsgeschrei enden, wie es ein Dualist tun würde. Bieten kann und will ich dagegen nur diese leise Hoffnung, die wir alle auch in unserem Alltag erblicken und feiern können: im Kind, das liest – und im Erwachsenen, der wie ein Kind zu lesen gelernt hat. In der Musik von Bands wie Rahi aus Heilbronn, die begeistert – und also in der Begeisterung für Kunst, die das Leben vertieft. In der Freude über Gottesdienste, die Vertrauen stiften – und also im Vertrauen auf eine kommende Welt, die den Hass hinter sich gelassen hat. In der Sehnsucht der Menschheit nach den Sternen – und also der Ahnung, dass unsere Geschichte der Entdeckungen noch lange nicht beendet ist. In der gelingenden Begegnung, im Dialog von Menschen unterschiedlicher Religionen und Weltanschauungen – und also in der Feier von Mehrdeutigkeit auf der gemeinsamen Grundlage von Freiheit, Recht und Frieden.

Ja, ich sehe den Antisemitismus und seine Gefahren. Doch der Regenbogen symbolisiert ein Mahnmal gegen das Vergessen; er verharmlost also gar nichts. Und zugleich leuchtet er uns immer noch voraus – in allen Farben der kommenden Welt.

Glossar

ALPHABET Ein Alphabet ist ein komplettes Schrift-↑System aus weniger als 30 Lautzeichen und neben der Sprache das einflussreichste ↑Medium menschlicher Kommunikation. Die Bezeichnung geht auf die ersten beiden hebräischen Alphabetzeichen *aleph* = Rind und *bet* = Haus zurück, daraus auch griechisch *alpha, beta*. Gegenüber anderen Schriftsystemen sind Alphabete besonders leicht und schnell zu erlernen, was die Herausbildung des ↑Semitismus ermöglichte.[1] Vokalarme Alphabete wie Hebräisch und Arabisch eignen sich besonders gut zur bildlosen Rezitation sowie zur Aushandlung mehrdeutiger ↑Mythen und sind daher im Judentum und im Islam Grundlage der religiösen Schriftlesung geblieben. Vollvokalisierte Alphabete wie Griechisch und Latein eignen sich dagegen besonders gut zur Aushandlung eindeutiger ↑Theorien und sind zur Grundlage von Wissenschaften sowie semitischer ↑Religionen (v. a. Christentum) und ↑Weltanschauungen (v. a. Humanismus) geworden.[2] Zugespitzt ließe sich formulieren, dass im hebräischen Alphabet die ↑Menschenrechte entdeckt wurden und im griechischen Alphabet die Idee der Naturgesetze (↑Wissenschaften).

ANTISEMITISMUS Der Antisemitismus ist ein ↑System aus ↑Verschwörungsmythen, die sich gegen den ↑Semitismus richten und die Existenz einer ↑Weltverschwörung mit jüdischen und nichtjüdischen Beteiligten behaupten. Rhetorisch und emotional setzt er die populistische Rede (mit dem »Willen zum Feind«)[3] gegen das semitische Konzept von ↑Noahbund, ↑Menschenrechten und ↑Wissenschaft. Der Begriff wurde am Ende des 19. Jahrhunderts von dem deutschen Journalisten Wilhelm Marr popularisiert; er verbindet ↑Rassismus mit Judenhass und Verschwörungsglauben.[4] Die Internationale Allianz zum Holocaustgedenken definiert Antisemitismus als »bestimmte Wahrnehmung von Juden, die im Hass auf Juden Ausdruck finden kann. Rhetorische und physische Manifestationen von Antisemitismus richten sich gegen jüdische oder nicht-jüdische Individuen und/oder ihr Eigentum.«[5]

MEDIUM/MEDIEN Ein Medium (lateinisch: Mitte) ist ein Kommunikationsmittel zwischen informationsverarbeitenden ↑Systemen, v.a. Menschen. Dabei lassen sich Medien unterscheiden in primäre bis quartäre Medien. In primären Medien wie Sprache und Gesten benötigen weder Sender noch Empfänger außerkörperliche Technologien. Zur Erstellung sekundärer Medien wie Symbolen und Schriften benötigt der Sender Werkzeuge. In tertiären, v.a. elektronischen Medien wie Telegrafen, Radio und Filmen benötigen Sender und Empfänger außerkörperliche Technologien. In quartären, v.a. digitalen Medien finden Sendung und Empfang im gleichen technologischen Kanal statt.[6]
Im Gegensatz zu einem noch immer weitverbreiteten Missverständnis sind Medien nicht neutral, sondern prägen Sender, Inhalte und Empfänger massiv. Dies gilt schon für die Sprache.[7] Auch die Entwicklungen des ↑Semitismus und der modernen ↑Wissenschaften sind nicht ohne die Schriftmedien der ↑Alphabete denkbar, die sich wiederum in vokalarme (Hebräisch, Arabisch) und vollvokalisierte Varianten unterscheiden lassen. Der ↑Antisemitismus stützt sich primär auf das Medium der populistischen Rede und der ↑Mythen einer bedrohlichen ↑Weltverschwörung. Er setzt daher immer weitere und neue Medien gegen den ↑Semitismus, die Idee der ↑Menschenrechte und den Rechtsstaat ein.

MENSCHENRECHTE/VÖLKERRECHT Sowohl religiöse wie nichtreligiöse ↑Mythen und Rechtstexte wie die »Allgemeine Erklärung der Menschenrechte« von 1948 verkünden, dass alle Menschen von Geburt an eine unveräußerliche »Würde« und daraus abzuleitende Rechte besitzen. Daraus ergebe sich wiederum eine Pflicht, diese Menschenrechte zu sichern. Im Völkerrecht wird, darauf aufbauend, verkündet, dass nicht nur Einzelpersonen, sondern auch Gruppen und Regierungen durch Menschenrechte gebunden sind und bei Zuwiderhandlungen strafrechtlich verfolgt werden können. Der ↑Semitismus leitet Menschenrechte aus der Erschaffung des Menschen nach Gottes Ebenbild ab und hat sie im ↑Noahbund erstmals ausformuliert (1. Buch Mose). Zudem entstanden zahlreiche weitere religiöse wie nichtreligiöse Begründungen für die Geltung von Menschenrechten.[8]

Mythos / Mythen Ein Mythos ist eine Geschichte, die Gemeinschaft und Sinn erzeugen soll und deshalb nicht nur immer wieder, sondern auch immer wieder neu erzählt wird.[9] Mythen dienen damit der Pflege der persönlichen (»ich«) und sozialen (»wir«) Identitäten, grenzen dabei jedoch auch immer ab und aus. Sie funktionieren nicht nur als lineare Erzählungen, sondern als ein kulturell überliefertes und zu großen Teilen unbewusstes Netzwerk von emotional gestimmten Symbolen wie Bildern, Namen und Ritualen.[10] Sie gehören in den Bereich der ↑Religionen und ↑Weltanschauungen und unterscheiden sich damit von ↑Theorien, die in den Bereich der empirischen ↑Wissenschaften gehören.

Noahbund Im biblischen ↑Mythos von Noah wird von einem Bund Gottes mit »allem Leben« berichtet, der im Regenbogen symbolisiert wird. Spätestens zu Beginn des ersten Jahrtausends n. Chr. wurde dieser Bund im ↑Semitismus und konkret im rabbinischen Judentum als eine Grundordnung für das Zusammenleben aller Menschen miteinander und mit der Umwelt – samt der Pflicht zur Errichtung von Rechtsstaaten – gedeutet. Der Noahbund bildete – und bildet – eine einflussreiche mythologische Grundlage für die spätere Idee von ↑Menschenrechten und Völkerrecht. Seine Entdeckung und Ausprägung geht wesentlich auf die Erfahrungsräume des hebräischen ↑Alphabets zurück und ist nicht einfach in andere ↑Medien zu übersetzen.

Rassismus Ein Rassismus ist ein ↑System aus ↑Mythen, das Menschen angeblich unveränderliche Charaktermerkmale allein aufgrund ihrer Herkunft zuschreibt. Der Begriff wurde im 15. Jahrhundert in

Spanien aus dem arabischen *raz* (= Herkunft) gebildet und diente sowohl der Diskriminierung von Bauern gegenüber Adligen wie dann auch der Diskriminierung von Menschen nach Hautfarbe, ethnischer und religiöser Herkunft. Der ↑Antisemitismus vertritt eine rassistische Mythologie, da er nicht nur Jüdinnen und Juden, sondern auch Konvertiten in andere ↑Religionen und ↑Weltanschauungen sowie noch deren Nachfahren negative Charaktermerkmale unterstellt. Noch gefährlicher als andere rassistische Mythologien wird er dadurch, dass Antisemiten ↑Semiten (immer *auch,* aber nie *nur* jüdischer Herkunft) die Beteiligung an einer ↑Weltverschwörung vorwerfen und sich selbst als »Opfer« entwerfen, die ggfs. »in Notwehr« handeln müssten.

RELIGION Eine Religion ist ein ↑System aus ↑Mythen, die von Interaktionen mit überempirischen Akteuren berichten und eine Gruppe von Glaubenden verbinden oder verbunden haben. Evolutionär gesehen, eröffnen Religionen Anhängerinnen und Anhängern erhöhte Potentiale an Kooperation und Reproduktion, allerdings um den Preis der Ab- und auch Ausgrenzung gegenüber Anders- und Nichtglaubenden. Als sogenannte »Weltreligionen« gelten Christentum, Islam, Hinduismus, Buddhismus, Taoismus / Shintoismus, Sikhismus, Judentum und Bahaitum. Jede dieser Religionen gliedert sich in Dutzende oft konkurrierender religiöser Traditionen und Religionsgemeinschaften.

SEMITISMUS Der Semitismus ist ein ↑System aus ↑Mythen, die sich positiv auf den (wiederum mythologischen) Sem, einen Sohn des Noah, berufen. Als bekannteste Nachfahren des Sem gelten u.a. Abraham, Isaak und Ismael, Jakob / Israel, Josef, Esther, Mose, Maria, Jesus, Muhammad und Baha'u'llah. Die semitische Linie wurde laut Mythos nur möglich durch die Einheirat bedeutender Frauen wie Sara, Hagar und Keturah, Tamar, Zippora, Ruth u.v.m. Historisch geht die Entstehung des Semitismus mit der Entstehung der ersten ↑Alphabete im Orient einher. Alle semitischen Religionen sind insofern »Buchreligionen«, als sie ihre zentralen Mythen auf Basis von Alphabetschriften tradieren und auslegen. Als historisch erste semitische Religion gilt das Judentum auf Basis des hebräischen Alphabets, gefolgt vom Christentum (griechische, lateinische und folgende, vollvokalisierte Alphabete), dem Islam (arabisches Alphabet) und weiteren Religionen und Weltanschauungen. Im Gegensatz zu immer noch verbreiteten Auffassungen bildete der Semitismus also nie eine »Rasse«, sondern immer eine vielgestaltige mythologische Tradition auf Basis des Lesens, in die Frauen und Männer eintreten konnten (und können).[11] Im ↑Antisemitismus wird behauptet, es gebe eine ↑Weltverschwörung mit jüdischen und nichtjüdischen Beteiligten.

System Schon das altgriechische *systema* beschreibt ein Ganzes, das sich aus interagierenden Elementen gebildet hat. Das Zusammenwirken der verschiedenen Elemente, z. B. Neuronen in einem Gehirn, bringt dabei neue emergente Phänomene hervor, z. B. Denken und Fühlen. Systeme höherer Ordnung, z. B. Menschen, setzen sich wiederum aus einfacheren Systemen, z. B. Zellen, zusammen. Aus der Perspektive der Evolutions-↑Theorie haben sich im Dreischritt aus Variation, Selektion und Reproduktion sowohl biologische Systeme (Pflanzen, Tiere, Menschen, Ökosysteme) als auch kulturelle Systeme (Sprachen, Musiken, Religionen) gebildet. Da Systemeigenschaften aber jeweils emergent sind, ist es nicht möglich, ↑Theorien beispielsweise aus der Physik oder Biologie unreflektiert in die Psychologie oder Kulturgeschichte zu übertragen.[12] Funktionen und ggfs. der Sinn von Systemen sind jeweils erst aus übergeordneter (»transzendenter«) Perspektive zu erkennen (↑Wissenschaft, ↑Mythos): »Der Sinn der Welt muss außerhalb ihrer liegen. In der Welt ist alles, wie es ist, und geschieht alles, wie es geschieht; es gibt in ihr keinen Wert – und wenn es ihn gäbe, so hätte er keinen Wert«, formulierte dies Ludwig Wittgenstein im »Tractatus logico-philosophicus« (6.41).

Theorie Eine Theorie ist eine Erklärung über Zusammenhänge von Phänomenen, die durch Beobachtungen überprüfbar – und also auch widerlegbar (falsifizierbar) – sein muss. Theorien bilden die Grundlage der empirischen ↑Wissenschaften. Zu den Theorien gehören die physikalischen Relativitätstheorien, die Evolutionstheorie zur Entstehung biologischer und kultureller ↑Systeme einschließlich der ↑Religionen, die Rentierstaatstheorien zur drohenden Verzerrung politischer Systeme durch Rohstoffexporte, die Theorien zum demokratischen Frieden (kein Krieg zwischen funktionierenden Demokratien) u. v. m. Theorien erfüllen damit grundlegend andere Aufgaben als ↑Mythen, und es ist gefährlich, sie zu verwechseln. So behaupten z. B. Junge-Erde-Kreationisten, die biblischen Erzählungen dienten als naturwissenschaftliche Theorien. Umgekehrt behaupten immer noch sehr viele Menschen, der ↑Antisemitismus basiere auf »Verschwörungs*theorien*« statt auf ↑Verschwörungs*mythen*.

Verschwörungsmythos Zur menschlichen Realität gehören Verschwörungen, also gesetzwidrige und geheime Absprachen zu Lasten Dritter. Rechtsstaaten haben ein weites Instrumentarium entwickelt, um Verschwörungsvorwürfe im Sinne von ↑Theorien zu überprüfen und Verschwörungen unter Beachtung der ↑Menschenrechte aller Beteiligter zu ahnden, z. B. durch Strafverfolgungs- und Justizbehörden, investigative Medien, parlamentarische Untersuchungsausschüsse. Dagegen setzen Verschwörungsmythen die Existenz übermenschlich begabter Superverschwörer – z. B. von »Hexen«, »Illuminaten«, »Weisen von Zion« etc. – voraus und erklären negative Überprüfungsergebnisse wiederum als Teil der ↑Weltverschwörung. Verschwörungsmythen wenden sich daher fast immer auch gegen Institutionen des Rechtsstaates, der ↑Menschrechte und der ↑Wissenschaften. Da Verschwörungsmythen wie andere ↑Mythen historisch und kulturell tradiert werden, mündet ihre Systematisierung inzwischen global in den ↑Antisemitismus.

WELTANSCHAUUNG Eine Weltanschauung ist ein ↑System aus ↑Mythen, die einen auch überempirischen Anspruch auf Wahrheit erheben. Nichtreligiöse Weltanschauungen berufen sich dabei nicht auf Interaktionen mit überempirischen Akteuren. Die derzeit am meisten verbreitete Weltanschauung ist der Humanismus, der die Existenz von ↑Menschenrechten verkündet.

WELTVERSCHWÖRUNG Während im ↑Semitismus die Weltherrschaft einer guten Macht und darauf basierend die Sinnhaftigkeit von ↑Noahbund, ↑Menschenrechten und ↑Wissenschaft gelehrt wird, verkündet der ↑Antisemitismus die Weltherrschaft einer bösen Superverschwörung mit jüdischen und nichtjüdischen Beteiligten. Im Gegensatz zu real existierenden und aufklärbaren Verschwörungen handelt es sich hierbei um einen ↑Verschwörungsmythos, der von übermenschlich begabten überempirischen Akteuren ausgeht, die seit Jahrhunderten vorausplanend, abgestimmt und Kontinente übergreifend aktiv sein sollen.

WISSENSCHAFT Eine Wissenschaft ist ein ↑System zur Gewinnung von ↑Theorien, die der Lösung von Problemen dienen.[13] Auf Wissenschaften basieren längst auch überlebenswichtige Technologien. Auch Wissenschaften gründen sich und ihre Ansprüche an die Gesamtgesellschaft letztlich selbstverständlich auf ↑Mythen – beispielsweise über den Sinn und die Reichweite von Erkenntnissen – sowie auf die Geltung der ↑Menschenrechte. Historisch sind sie tief in den Erfahrungsräumen der vollvokalisierten ↑Alphabete und in den Zukunftshoffnungen des ↑Semitismus verwurzelt. Dennoch erfüllen Theorien auch Aufgaben – z. B. der Re-Konstruktion von Geschichte –, die ↑Mythen nicht erfüllen können, und es ist gefährlich, sie zu verwechseln. Ein moderner Rechtsstaat ist gut beraten, die unterschiedlichen Funktionen von Mythen und Theorien zu achten und ihre jeweilige konstruktive Entfaltung samt dem fortschreitenden Dialog zwischen ihnen zu ermöglichen.

ZEIT Als Naturzeit ist die Zeit ein Aspekt der physikalischen Raumzeit. Im menschlichen Erleben gibt es verschiedene Modi der Zeitwahrnehmung: Zeit kann zyklisch, linear oder holistisch erlebt werden. Menschliche Gesellschaften gliedern sie entsprechend auf Basis von ↑Mythen und ↑Theorien als »soziale Zeit« etwa in Uhr-, Tages-, Monats- und Jahreszeiten und geschichtliche Epochen.[14] Aus der direkten Natur- und Selbstbeobachtung resultierten sicher jahrzehntausendealte Vorstellungen einer zyklischen Zeit aus Aufstieg und Verfall, Geburt und Tod. Erst mit dem Auftreten von Schrift (↑Medien) und konkret von ↑Alphabeten wurde für breitere Bevölkerungsschichten auch eine lineare Zeit vorstellbar und erfahrbar. So gehören lineare Zukunftshoffnungen zum ↑Semitismus, wogegen der ↑Antisemitismus Erwartungen eines nahen Verfalls verkündet und schürt.

Anmerkungen

Der gefährliche Weg
zu den dunklen Seiten unseres Herzens
Annäherungen

1 Orwell, George (2003): *Denken mit Orwell – Ein Wegweiser in die Zukunft*. Diogenes, S. 9 (Hervorhebung im Original)
2 Sartre, Jean-Paul (1944): *Überlegungen zur Judenfrage*
3 Tenné, Meinhard (2014): *Aus meinem Leben. Aufgeschrieben von Reiner Strunk*. Stuttgarter Lehrhaus, S. 75
4 Tenné 2014, S. 72–75
5 Malessa, Andreas (2019): *Eine Blume für Zehra*. Bene
6 Faltin, Thomas (2008): *Filderstädter Schriftenreihe Band 20 – KZ-Außenlager*. Städte Filderstadt und Leinfelden-Echterdingen, sowie Stuttgarter Zeitung 291/2015, 16.12.2005, S. 23
7 Vaas, Rüdiger & Blume, Michael (2009): *Gott, Gene und Gehirn. Warum Glaube nützt. Die Evolution der Religiosität*. Hirzel
8 Scholz, Michael (2018): *Antisemitische Hetze und tödliche Pseudomedizin*. OnkelMichaelBlog.de vom 15.12.2018, abgerufen am 21.12.2018 unter: https://onkelmichael.blog/2018/12/15/antisemitische-hetze-und-toedliche-pseudomedizin/
9 Ginsburg, Tobias (2018): *Die Reise ins Reich. Unter Reichsbürgern*. Das Neue Berlin, S. 84
10 Kizilhan, Jan-Ilhan & Cavelius, Alexandra (2016): *Die Psychologie des IS: Die Logik der Massenmörder*. Europa
11 Arendt, Hannah (1955): *Elemente und Ursprünge totalitärer Herrschaft*. Europäische Verlagsanstalt, S. 575
12 Ezidipress (2017): *Nadia Murad in Israel: Der Überlebenswille der Juden ist uns ein Vorbild*. Abgerufen am 22.08.2018 unter: http://www.ezidipress.com/blog/nadia-murad-in-israel-der-ueberlebens wille-der-juden-ist-uns-ein-vorbild/
13 Omarkhali, Khanna (2014): *Religious Minorities in Kurdistan: Beyond the Mainstream*. Harrassowitz, S. XVII
14 Tibi, Bassam (1994): *Die Verschwörung. Das Trauma arabischer Politik*. dtv, S. 27
15 Pew (2011): *Muslim-Western Tensions Persist*. Pew-Institute vom 21.07.2011, abgerufen am 07.12.2018 unter: http://www.pewresearch.org/wp-content/uploads/sites/2/2011/07/Pew-Global-Attitu-

des-Muslim-Western-Relations-FINAL-FOR-PRINT-July-21-2011.pdf

16 Schreiber, Constantin (2017): *Inside Islam. Was in Deutschlands Moscheen gepredigt wird.* Econ, S. 198–205

17 Linnemann, Carsten & Bausback, Winfried (Hrsg.) (2019): *Der politische Islam gehört nicht zu Deutschland. Wie wir unsere freie Gesellschaft verteidigen.* Herder

18 Small, Charles Asher (2013): *Global Antisemitism: A Crisis of Modernity.* ISGAP, S. 5–7

19 Blume, Michael (2016): *Der antisemitische Verschwörungsglauben des Dr. Wolfgang Gedeon (AfD).* ruhrbarone vom 23.06.2016, abgerufen am 14.12.2018 unter: https://www.ruhrbarone.de/antisemitische-gedeon-afd/129332

20 Rehnert, Leoni (2017): *›Denkanstoß‹ oder ›unchristlich‹? Bistum kritisiert Werbebanner von Martin Hohmann (AfD).* Fuldaer Zeitung vom 04.09.2017, abgerufen am 14.12.2018 unter: https://www.fuldaerzeitung.de/regional/fulda/denkansto-oder-unchristlich–bistum-kritisiert-werbebanner-von-martin-hohmann-afd-BG6901223

21 Widdrat, Volker (2018): *Heimat ist sozialer Zusammenhalt – Störer belasten Veranstaltung massiv.* Mannheimer Morgen vom 10.08.2018, abgerufen am 16.12.2018 unter: https://www.morgenweb.de/schwetzinger-zeitung_artikel,-schwetzingen-heimat-ist-sozialer-zusammenhalt-_arid,1296724.html

22 Kümmritz, Stefan (2018): *Antisemitismus-Experte: ›Gefahr ist groß, dass sich Menschen im Internet radikalisieren‹.* Schwäbische Zeitung vom 18.09.2018, abgerufen am 16.12.2018 unter: https://www.schwaebische.de/landkreis/alb-donau-kreis/ulm_artikel,-antisemitismus-experte-gefahr-ist-gro%C3%9F-dass-sich-menschen-im-internet-radikalisieren-_arid,10934188.html

23 Ruf, Reiner (2018): *AfD gegen Landtagspräsidentin – Emil Sänze und die Schlacht auf dem Lechfeld.* Stuttgarter Zeitung vom 17.08.2018, abgerufen am 16.12.2018 unter: https://www.stuttgarter-zeitung.de/inhalt.afd-gegen-landtagspraesidentin-emil-saenze-und-die-schlacht-auf-dem-lechfeld.b84dab0b-d3f2-489d-854e-d074c3a1044e.html

24 Blume, Michael (2018): *Umvolkungsangst und Hooton-Plan – Ein rassistischer Verschwörungsmythos wird digital wiederbelebt.* Scilogs vom 03.06.2018, abgerufen am 14.12.2018 unter: https://scilogs.spektrum.de/natur-des-glaubens/umvolkungs-

angst-und-hooton-plan-ein-rassistischer-verschwoerungsmythos-wird-digital-wiederbelebt/

25 Gensing, Patrick (2018): *Kritik am Migrationspakt. Von ›Breitbart‹* Tagesschau Faktenfinder vom 29.11.2018, abgerufen am 14.12.2018 unter: http://faktenfinder.tagesschau.de/ausland/un-migrationspakt-113.html

26 Zuber, Helende (2018): *Rechte Flut.* SPIEGEL 50/2018 vom 08.12.2018, S. 74

27 Schneider, Richard (2018): *Antisemitismus – Die Gelbwesten in Frankreich.* Richard-C-Schneider.com vom 14.12.2018, abgerufen am 21.12.2018 unter: https://richard-c-schneider.com/schneiders-blog-die-gelbwesten-in-frankreich/

28 Miller, Ryan (2018): ›4 minutes saved my life‹: Holocaust survivor had bullets whiz by outside Tree of Life. USA today vom 29.10.2018, online abgerufen am 11.11.2018 unter: https://eu.usatoday.com/story/news/nation/2018/10/29/pittsburgh-judah-samet-survived-holocaust-tree-life-shooting/1808116002/

29 Eaton, George (2018): *Rabbi Jonathan Sacks: ›The hate that starts with Jews never ends with Jews.‹* New Statesman vom 29.08.2018, abgerufen am 02.12.2018 unter: https://www.newstatesman.com/politics/uk/2018/08/rabbi-jonathan-sacks-hate-begins-jews-never-ends-jews

30 FRA (2018): *Experiences and perceptions of antisemitism. Second survey on discrimination and hate crimes against Jews in the EU.* European Union Agency for Fundamental Rights, S. 47 & 54

1. MYTHEN UND MISSVERSTÄNDNISSE
Kennzeichen des Antisemitismus

1 Boschki, Reinhold (2018): *Elie Wiesel – Ein Leben gegen das Vergessen.* Patmos, S. 89

2 Dworschak, Manfred (2018): *Angriff auf die Wirklichkeit,* SPIEGEL 50/2018, S. 107

3 Cesarani, David (2012): *Adolf Eichmann. Bürokrat und Massenmörder.* List, S. 362

4 Ebd., S. 441

5 Arendt, Hannah (1963/2011): *Eichmann in Jerusalem. Ein Bericht von der Banalität des Bösen.* Piper 2011

6 Cesarani 2012, S. 445

7 Lipstadt, Deborah (2018): *Der neue Antisemitismus.* Berlin, S. 20–21

8 Schwarz-Friesel, Monika (2018a): *Bei Antisemitismusbekämpfung ist Deutschland »scheinheilig«.* Migazin.de vom 25.01.2018, abgerufen am 4.8.2018 unter: http://www.migazin.de/2018/01/25/bei-antisemitismusbekaempfung-ist-deutschland-scheinheilig/

9 Schwarz-Friesel, Monika (2018b): *Die Floskelkultur.* Jüdische Allgemeine vom 29.11.2018, abgerufen am 14.12.2018 unter: https://www.juedische-allgemeine.de/politik/die-floskelkultur/

10 Schwarz-Friesel, Monika (2018): *Antisemitismus 2.0 und die Netzkultur des Hasses.* Technische Universität Berlin, S. 13

11 Allerdings wurden in der 2017-Stichprobe nur 994 der verfügbaren 1.950 Kommentare analysiert. Dies wurde transparent, wenn auch ohne Begründung vermerkt. Zahlen nach: Schwarz-Friesel 2018, S. 15–17

12 Kommentar »Zett eL« vom 21.12.2018, 16.03 Uhr, abgerufen am 22.12.2108 unter: https://scilogs.spektrum.de/natur-des-glaubens/sebastian-bartoschek-verschwoerungstheorien-grundlagenarbeit-rezension/#comment-94229

13 Schwartz, Victoria (2017): *Ein Realfake ist …* In: Schad, Gina: *Digitale Verrohung? Was die Kommunikation im Netz mit unserem Mitgefühl macht.* Goldmann, S. 262–265

14 Schwarz-Friesel 2018, S. 14

15 FRA (2018): *Experiences and perceptions of antisemitism. Second survey on discrimination and hate crimes against Jews in the EU.* European Union Agency for Fundamental Rights, S. 20

16 Ebd., S. 40

17 Ebd., S. 22

18 Ebd., S. 23

19 Ebd., S. 16

20 Ebd., S. 54

21 Wegener, Ann-Christin (2017): *»… und diese Gerüchte stammen nicht von irgendwelchen Nazis!«*, LfV Hessn, abgerufen am 22.12.2018 unter: https://lfv.hessen.de/sites/lfv.hessen.de/files/content-downloads/PAAF_Analysen%20IN%20ALLER%20K%C3%9CRZE%20Ausgabe%201.pdf

22 Decker, Oliver & Brähler, Elmar (Hrsg. 2018): *Flucht ins Autoritäre.* Psychosozial, S. 193

23 Ebd., S. 83

24 Ebd., S. 103

25 Ebd., S. 102

26 Schwarz-Friesel, Monika & Reinharz, Jehuda (2013): *Die Sprache der Judenfeindschaft im 21. Jahrhundert.* De Gruyter, S. 92–98
27 Ebd., S. 94
28 Ebd., S. 95
29 Müller-Neuhof, Jost (2005): *Keine Strafe für den ›Bomben-Holocaust‹.* Tagesspiegel vom 10.04.2005, abgerufen am 22.12.2018 unter: https://www.tagesspiegel.de/politik/keine-strafe-fuer-bomben-holocaust/599492.html
30 Quran-Übersetzung von islam.de, Zentralrat der Muslime in Deutschland (ZMD). Abgerufen am 22.12.2018 unter: http://islam.de/13827.php?sura=5
31 Talmud-Übersetzung von talmud.de, Chajm Guski. Abgerufen am 22.12.2018 unter: https://www.talmud.de/tlmd/tag/sanhedrin-37a/
32 Luther, Martin (1534/1984): *Die Bibel.* Württembergische Bibelgesellschaft, S. 1639–1640
33 Rutz, Charlie (2011): *Immanuel Kants »Selbstzweckformel«.* Freidenker.cc, abgerufen am 22.12.2018 unter: https://freidenker.cc/immanuel-kants-selbstzweckformel/4301
34 Lobenstein, Caterina & Lau, Mariam (2018): *Seenotrettung – Oder soll man es lassen?* ZEIT vom 12.07.2018, abgerufen am 28.12.2018 unter: https://www.zeit.de/2018/29/seenotrettung-fluechtlinge-privat-mittelmeer-pro-contra
35 Rose, Romani (Hrsg., 1999): *Den Rauch hatten wir täglich vor Augen. Der nationalsozialistische Völkermord an den Sinti und Roma.* Das Wunderhorn, S. 112–113
36 Friedländer, Saul & Pfeiffer, Martin (2007): *Das Dritte Reich und die Juden.* C.H. Beck, S. 1043
37 Sacks, Jonathan (2015): *Not in God's Name. Confronting Religious Violence.* Hodder & Stoughton, S. 259–260
38 Assmann, Jan (2000): *Religion und kulturelles Gedächtnis.* C.H. Beck, S. 36–37
39 Kretschmann, Johannes (2010): *Antisemitismus und magisches Denken.* Tectum, S. 91
40 Brotherton, Rob (2015): *Suspicious Minds: Why we Believe in Conspiracy Theories.* Bloomsbury
41 Blume, Michael (2013): *Freimaurer, Rosenkreuzer, Illuminaten. Symbole, Geschichte, Einfluss und Wirkung.* sciebooks, S. 126–140
42 Blume, Michael (2016): *Verschwörungsglauben – Eine türkische Verschwörungspyramide.* Scilogs.de vom 16.08.2018, abgerufen am 23.12.2018 unter: https://scilogs.spektrum.de/natur-des-glau-

bens/verschwoerungsglauben-eine-tuerkische-verschwoerungs-pyramide/

43 Mayr, Walter (2018): *Patronen am Rosenkranz.* SPIEGEL 50 vom 08.12.2018, S. 84–88, Zitat S. 87

44 Freud, Sigmund (1929): *Das Unbehagen in der Kultur.* Kapitel 6, Internationaler Psychoanalytischer Verlag, abgerufen am 28.12.2018 unter: http://gutenberg.spiegel.de/buch/das-unbehagen-in-der-kultur-922/6

45 Blume, Michael (2016): *Verschwörungsglauben – Eine türkische Verschwörungspyramide.* Scilogs.de vom 16.08.2018, abgerufen am 23.12.2018 unter: https://scilogs.spektrum.de/natur-des-glaubens/verschwoerungsglauben-eine-tuerkische-verschwoerungs-pyramide/

46 Macintyre, Ben (2008): *For Your Eyes Only. Ian Fleming + James Bond.* Bloomsbury, S. 75

47 Ebd., S. 93

48 Herzinger, Richard (2011): *›Tal der Wölfe‹ ist antisemitisches Popcorn-Kino.* Welt vom 31.01.2011, abgerufen am 25.12.2018 unter: https://www.welt.de/kultur/article12395937/Tal-der-Woelfe-ist-antisemitisches-Popcorn-Kino.html

49 Schramm, Stefanie & Wüstenhagen, Claudia (2015): *Das Alphabet des Denkens. Wie Sprache unsere Gedanken und Gefühle prägt.* Rowohlt, S. 43

50 Luckmann, Thomas (1991): *Die unsichtbare Religion.* Suhrkamp

51 Heine, Matthias (2016): *Wir buchstabieren immer noch wie die Nazis.* Die Welt vom 17.02.2016, abgerufen am 25.12.2018 unter: https://www.welt.de/kultur/article152336171/Wir-buchstabieren-immer-noch-wie-die-Nazis.html

52 Bühl, Achim (2017): *Rassismus. Anatomie eines Machtverhältnisses.* Bundeszentrale für politische Bildung, S. 168, vgl. dazu: Seewald, Berthold (2015): *Die Juden hatten einen zweiten Tempel – im Nil.* Welt.de vom 20.05.2015, abgerufen am 22.08.2018 unter: https://www.welt.de/geschichte/article141206252/Die-Juden-hatten-einen-zweiten-Tempel-im-Nil.html

53 Luther 1534/1984, S. 1259

54 Sacks 2015, S. 50

55 Kaiser, Helga (2018): *Marcion – Die pontische Ratte zernagt die Evangelien.* Welt und Umwelt der Bibel 4/2018, S. 29

56 Schuster, Dirk (2018): *Die Botschaft Gottes der Kirchenbewegung Deutsche Christen. Die Arisierung des Neuen Testaments.* Welt und Umwelt der Bibel 4/2018, S. 30–31

57 Murtaza, Muhammad Sameer (2018): *Schalom und Salam. Wider den islamisch verbrämten Antisemitismus.* info3

58 Blume, Michael (2019): *Antisemitismus und die Krise des politisierten Islams.* In: Linnemann, Carsten & Bausback, Winfried: *Der politische Islam gehört nicht zu Deutschland.* Herder, S. 142–158

59 Blume, Michael (2017): *Islam in der Krise.* Patmos, S. 93–122

60 Schopenhauer, Arthur (1851/1988): *Parerga und Paralipomena.* In: Werke in fünf Bänden, Band 5, S. 421

61 Mallebrein, Cornelia (2011): *Die vertauschten Götter. Religionswechsel in Indien.* Synchron, S. 95–96

62 Hitler, Adolf (1925/2016): *Mein Kampf. Eine kritische Edition.* Institut für Zeitgeschichte München, Band I, S. 231

63 Feuerbach, Ludwig (1841): *Das Wesen des Christentums.* Projekt Gutenberg, Kapitel 14, abgerufen am 24.12.2018 unter: https://de.wikipedia.org/wiki/Das_Wesen_des_Christentums_(Feuerbach)

64 Feuerbach 1841, Kapitel 15, abgerufen am 24.12.2018 unter: http://gutenberg.spiegel.de/buch/das-wesen-des-christentums-3457/15

65 Dawkins, Richard (2008): *Der Gotteswahn.* Ullstein, S. 45 (Übersetzung der englischen »The God Delusion« von 2006)

66 Bardo, Matt (2012): *Sacks and Dawkins in ›anti-semitic row‹.* BBC am 13.09.2012, abgerufen am 23.12.2018 unter: http://www.bbc.co.uk/religion/0/19563336

67 Dawkins 2008, S. 45 und 53–55

68 Sacks 2015, S. 54–55

69 Blume, Michael (2018b): *Der Verschwörungsglauben von Kollegah.* Scilogs.de am 14.04.2018, abgerufen am 20.12.2018 unter: https://scilogs.spektrum.de/natur-des-glaubens/der-antisemitische-verschwoerungsglauben-von-kollegah/

70 SchrangTV (2018): *Lisa Fitz: Ich sehe was, was du nicht sieht.* Auf YouTube seit 26.01.2018, abgerufen am 24.12.2018 unter: https://youtu.be/XT8rb56jn8s

71 Lilienthal, Volker & Neverla, Irene (Hrsg., 2017): *Lügenpresse. Anatomie eines politischen Kampfbegriffs.* Kiepenheuer und Witsch

72 Wittschier, Stephanie (2014): *Welcome to the Madness. Die Welt der Verschwörungsideologien. Die Erlebnisse einer Aussteigerin.* K & SW, S. 90

73 Ebd., S. 51

74 Kommentar »Zett eL« vom 20.12.2018, 19.53 Uhr, abgerufen am 25.12.2108 unter: https://scilogs.spektrum.de/natur-des-glaubens/

sebastian-bartoschek-verschwoerungstheorien-grundlagenarbeit-rezension/#comment-94224

75 Alt, Christian & Schiffer, Christian (2018): *Angela Merkel ist Hitlers Tochter. Im Land der Verschwörungstheorien.* Hanser, S. 211

76 Hitler 1925/2016, S. 823

77 Ebd., S. 837

78 Erdmann, Paul (2018): *Rotarier unterm Hakenkreuz. Anpassung und Widerstand in Stuttgart und München.* Salier

79 Frenschkowski, Marco (2007): *Die Geheimbünde – eine kulturgeschichtliche Analyse.* marix, S. 119

80 Jacq, Christian (2000): *33 Stufen zur Weisheit. Die geheime Botschaft der Kathedralen.* Rowohlt, S. 11

81 Frenschkowski 2007, S. 116

82 Blume, Michael (2013): *Freimaurer, Rosenkreuzer, Illuminaten. Symbole, Geschichte, Einfluss & Wirkung.* sciebooks, S. 92–93

83 Ebd., S. 119–122

84 Wehling, Elisabeth (2016): *Politisches Framing. Wie eine Nation sich ihr Denken einredet – und daraus Politik macht.* edition medienpraxis

85 Deutscher Bundestag 2017, Drucksache 18/11970, S. 123 f.

86 Alt & Schiffer 2018, S. 105–108

87 Harder, Bernd (2018): *Verschwörungstheorien. Ursachen – Gefahren – Strategien.* Alibri

88 Hitler 1925/2016, S. 799

89 Blume, Michael (2018a): *Der Reiz von Verschwörungsmythen. Eine Analyse.* In: Köhler, Thomas & Mertens, Christian (2018): *Jahrbuch für politische Beratung 2017/2018.* edition mezzogiorno, S. 91

90 Sacks 2015, S. 261

91 Kretschmann, Johannes (2010): *Antisemitismus und magisches Denken.* Tectum, S. 11–12

92 Sacks, Jonathan (2011): *The Great Partnership. God, Science, and the Search for Meaning.* Hodder & Stoughton, S. 251

93 Luther 1534/1984, S. 1223

94 Orwell, George (2003): *Denken mit Orwell – Ein Wegweiser in die Zukunft.* Diogenes, S. 10

95 Ebd., S. 11–12

96 Hitler 1925/2016, S. 795

97 Ebd., S. 809

98 Ebd., S. 737

99 Iltis, Hugo (1936): *Der Mythus von Blut und Rasse.* Rudolf Harand, S. 54–55

100 Hitler 1925/2016, S. 741
101 Ebd., S. 795
102 Ben-Chorin, Schalom (1967/1987): *Bruder Jesus. Der Nazarener in jüdischer Sicht.* dtv
103 Novak, David (2011): *The Image of the Non-Jew in Judaism.* Littman, S. 147–148, nach Tosefta Sanhedrin 13.2, Babylonischer Talmud Sanhedrin 105a etc.
104 Küng, Hans (1999): *Das Judentum.* Piper, S. 176–181
105 Hitler 1925/2016, S. 825
106 Ebd., S. 824, Anm. 178
107 Zander, Helmut (2016): *Europäische Religionsgeschichte.* De Gruyter, S. 120
108 Applebaum, Anne (2013): *Anti-Semite and Jew. The Double Life of a Hungarian Politician.* The New Yorker vom 11.11.2013, abgerufen am 20.12.2018 unter: https://www.newyorker.com/magazine/2013/11/11/anti-semite-and-jew
109 Harari, Yuval Noah (2014): *Sapiens. A Brief History of Humankind.* Vintage
110 Hitler 1925/2016, S. 777
111 Ebd., S. 825
112 Ebd., S. 769
113 Bühl, Achim (2017): *Rassismus. Anatomie eines Machtverhältnisses.* Bundeszentrale für politische Bildung, S. 40–50
114 Hitler 1925/2016, S. 777 & 781
115 Ebd., S. 755
116 Ebd., S. 761
117 Ebd., S. 783
118 Ebd., S. 785
119 Ebd., S. 791
120 Ebd., S. 805
121 Klingholz, Reiner & Lutz, Wolfgang (2016): *Wer überlebt? Bildung entscheidet über die Zukunft der Menschheit.* Campus, S. 30 und 131
122 Strenger, Gabriel (2016): *Jüdische Spiritualität in der Tora und den jüdischen Feiertagen.* Morascha, S. 121
123 Mann, Thomas (1933–1943): *Joseph und seine Brüder* (vier Bände), S. Fischer
124 Talmud, Sota 11a, online abgerufen am 26.12.2018 unter: http://www.come-and-hear.com/sotah/sotah_11.html
125 Ginsburg, Tobias (2018): *Die Reise ins Reich. Unter Reichsbürgern.* Das Neue Berlin, S. 101

126 Hitler 1925/2016, S. 851
127 Strenger 2016, S. 122
128 Luther 1534/1984, S. 809
129 Oz, Amos & Oz-Salzberger, Fania (2012): *Juden und Worte.* Suhrkamp, S. 41
130 Luther 1534/1984, S. 803
131 Strenger 2016, S. 448–449
132 Himmelfarb, Milton & Gertrude (2007): *Jews and Gentiles.* Encounter Books, S. 141
133 Ute Neumann-Gorsolke (2006): *Gottesebenbildlichkeit.* In: Bauks, Michaela et al. (Hrsg.): *Das wissenschaftliche Bibellexikon im Internet* (WiBiLex), Stuttgart, abgerufen am 30.12.2018 unter: https://www.bibelwissenschaft.de/wibilex/das-bibellexikon/lexikon/sachwort/anzeigen/details/gottebenbildlichkeit-at/ch/df9ecf2b71f7fd6ce108cd2f2903b140/
134 Aly, Götz (2017): *Europa gegen die Juden. 1880–1945. S.* Fischer, S. 94
135 Hitler 1925/2016, S. 471, Bildungsdaten auf S. 470
136 Efron, Noah (2014): *A Chosen Calling. Jews in Science in the Twentieth Century.* Hebrew Union College Press, S. 75
137 Quran-Übersetzung von islam.de, Zentralrat der Muslime in Deutschland (ZMD). Abgerufen am 20.12.2018 unter: http://islam.de/13827.php?sura=17
138 Efron 2014, S. 16–17
139 Schuster, Ruth (2013): *Why Do Jews Win So Many Nobel Prizes?* Haaretz vom 09.10.2013, abgerufen am 06.08.2018 unter: https://www.haaretz.com/jewish/why-do-jews-win-so-many-nobels-1.5347671
140 Vgl. die ständig aktualisierte »Liste chinesischer Nobelpreisträger« auf Wikipedia. Abgerufen am 03.08.2018 unter: https://en.wikipedia.org/wiki/List_of_Chinese_Nobel_laureates
141 Vgl. die ständig aktualisierte »Liste muslimischer Nobelpreisträger« auf Wikipedia. Abgerufen am 04.08.2018 unter: https://en.wikipedia.org/wiki/List_of_Muslim_Nobel_laureates
142 Aumann, Robert (2017): *Why have Jews won Nobel Prizes disproportionately?* Statement bei J-TV vom 07.05.2017, abgerufen am 03.08.2018 unter: https://www.youtube.com/watch?v=HUGy8mm2KJs
143 Harari, Yuval (2018): *21 Lessons for the 21st Century.* Jonathan Cape, S. 193
144 Ebd., S. 195

145 Haller, Michael & Niggeschmidt, Martin (2012): *Der Mythos vom Niedergang der Intelligenz. Von Galton bis Sarrazin.* VS – Verlag für Sozialwissenschaften

146 Sarrazin, Thilo (2010): *Deutschland schafft sich ab. Wie wir unser Land aufs Spiel setzen.* DVA, S. 95–96

147 Müller-Jung. Joachim (2010): *Sarrazins Biologismus – Phantasma ›Juden-Gen‹.* Frankfurter Allgemeine Zeitung vom 30.08.2010, abgerufen am 26.12.2018 unter: https://www.faz.net/aktuell/feuilleton/sarrazin/die-thesen/sarrazins-biologismus-phantasma-juden-gen-11028466.html

148 Aly 2017, S. 95

149 Efron 2014, S. 104

150 Cahill, Thomas (1998): *The Gifts of the Jews. How a Tribe of Desert Nomads Changed the Way Everyone Thinks and Feels.* Nan A. Talese, S. 3

151 Ebd., S. 250–251

152 Mendelssohn, Moses (1783/1989): *Schriften über Religion und Aufklärung.* Union, S. 422–423

153 Portnoy, Elischa (2018): *Das erste Lehrhaus.* Jüdische Allgemeine vom 14.06.2018, abgerufen am 22.06.2018 unter: https://www.juedische-allgemeine.de/article/view/id/31876

154 Klinger, Nadja (2018): *Die Kunst, das Futur zu sein.* kahnpost 04/2018, S. 2 & S. 23

155 Sacks 2011, S. 29

156 Hersch, Jeanne (2010): *Erlebte Zeit. Menschsein im Hier und Jetzt.* Verlag Neue Zürcher Zeitung, S. 52

157 Hitler 1925/2016, S. 769

158 Holocaust Encyclopedia (2016): *Book Burning.* United States Holocaust Memorial Museum, abgerufen am 30.12.2018 unter: https://encyclopedia.ushmm.org/content/en/article/book-burning

159 Hitler 1925/2016, S. 855–857

160 Welzer, Harald (1998): *Albert Speers Erinnerungen an die Zukunft.* In: Straub, Jürgen (Hrsg.): *Erzählung, Identität und historisches Bewußtsein.* Suhrkamp, S. 389–403

161 Clark, Christopher (2018): *Von Zeit und Macht.* Deutsche Verlags-Anstalt, S. 232

162 Pokorny, Sabine (2018): *Von A wie Angst bis Z wie Zuversicht.* Konrad-Adenauer-Stiftung 03/2018, S. 3, Umfrage durch GMS, abgerufen am 28.12.2018 unter: https://www.kas.de/c/document_library/get_file?uuid=d136d87e-3334-2432-d168-c57f8e9bf848&groupId=252038

163 Petersen, Thomas (2018): *Wie antisemitisch ist Deutschland?* Frankfurter Allgemeine Zeitung (FAZ) vom 20.06.2018, Umfrage durch Allensbach, abgerufen am 28.12.2018 unter: https://www.faz.net/social-media/instagram/exklusive-allensbach-umfrage-antisemitismus-in-deutschland-15648477.html?premium

164 Olschanski, Reinhard (2017): *Der Wille zum Feind. Über populistische Rhetorik.* Wilhelm Fink

165 Kaube, Jürgen (2014): Die Endschlacht der planetarischen Verbrecherbanden. FAZ vom 12.03.2014, abgerufen am 23.08.2018 unter: http://www.faz.net/aktuell/feuilleton/buecher/martin-heideggers-schwarze-hefte-beweisen-den-antisemitismus-des-philosophen-12844017.html

2. Sems Erfolgsgeheimnis
Das Alphabet

1 Luther, Martin (1534/2000): *Das erste Buch Mose, genannt Genesis.* Fischer, S. 48–49

2 MacLachnan, James (1999): *Galileo Galilei – Dialogue Concerning The Two Chief World Systems.* University of California Press, S. 105

3 Sacks, Jonathan (2011): *The Great Partnership. God, Science, and the Search for Meaning.* Hodder & Stoughton, S. 41

4 Hitler, Adolf (1925/2016): *Mein Kampf. Eine kritische Edition.* Institut für Zeitgeschichte München, Band I, S. 327

5 Strenger, Gabriel (2016): *Jüdische Spiritualität in der Tora und den jüdischen Feiertagen.* Morascha, S. 51

6 Ronis, Boris (2018): *Noah, unser Vorbild.* Jüdische Allgemeine 21/18 vom 24.05.2018, S. 20, mit besonderer Auslegung von Sanhedrin 108b (Talmud)

7 Blume, Michael (2013): *Evolution und Gottesfrage. Charles Darwin als Theologe.* Herder; vgl. die filmische Dokumentation von Hauner, Andrea (2015): *Mein neues Leben in Jerusalem. Eine Deutsche unter orthodoxen Juden.* 3sat, abgerufen am 21.12.2018 unter: https://youtu.be/m3HmqPgNwMM

8 Oz, Amos & Oz-Salzberger, Fania (2012): *Juden und Worte.* Suhrkamp, S. 39

9 Strenger 2016, S. 474

10 Küng, Hans (1999): *Das Judentum.* Piper, S. 60–61

11 Sacks 2011, S. 43

12 Shlain, Leonard (1998): *The Alphabet Versus The Goddess.* Penguin, S. 65

13 Schröter, Heilmann (2017): *Medien verstehen: Marshall McLuhans Understanding Media.* meson press, S. 76

14 Ong, Walter (2001): *Writing is a Technology that Restructures Thought.* In: Cushman, Ellen et al. (Hrsg.): *Literacy: A Critical Sourcebook.* Bedford, S. 19–31

15 Shlain 1998, S. 60

16 Ebd., S. 71

17 Paganini, Simone (2018): *Dunkle Anfänge von biblischen Texten. Wenn aus Mythen Schriften werden.* Welt und Umwelt der Bibel (WUB) 04/2018, S. 14

18 Greenblatt, Stephen (2018): *Die Geschichte von Adam und Eva. Der mächtigste Mythos der Menschheit.* Siedler

19 Assmann, Aleida & Assmann, Jan (2018): *Friedenspreis des Deutschen Buchhandels – Ansprachen aus Anlass der Verleihung.* Börsenverein des Deutschen Buchhandels, S. 54–55

20 Ranke, Hermann (1924/2011): *Das Gilgamesch Epos. Der älteste überlieferte Mythos der Geschichte.* marix, S. 93–117

21 Sacks, Jonathan (2015): *Not in God's Name. Confronting Religious Violence.* Hodder & Stoughton, S. 195

22 Heine, Heinrich (1854): *Geständnisse.* Projekt Gutenberg, Kapitel 7, abgerufen am 16.12.2018 unter: http://gutenberg.spiegel.de/buch/-365/7

23 Oz & Oz-Salzberger 2015, S. 70

24 Ebd., S. 42

25 Ebd., S. 59

26 Logan, Robert (2004): *The Alphabet Effect. A Media Ecology Understanding of the Making of Western Civilisation.* Hampton Press, S. 10

27 Ebd., S. 36–39

28 Paganini 2018, S. 8

29 Achtner, Wolfgang et al. (1998): *Dimensionen der Zeit.* WBG, S. 8–9

30 Tolkien, J. R. R. (1939/2014): *On Fairy-Stories.* Harper Collins, S. 77–78

31 Campbell, Joseph (2004): *Pathways to Bliss. Mythology and Personal Transformation.* New Word Library, S. 139–140

32 Harari, Yuval (2018): *21 Lessons for the 21st Century.* Jonathan Cape, S. 283

33 Kretschmann, Johannes (2010): *Antisemitismus und magisches Denken.* Tectum, S. 85
34 Von Treitschke, Heinrich (1879/1988): *Unsere Aussichten.* In: Boehlich, Walter (Hrsg.): *Der Berliner Antisemitismusstreit.* Suhrkamp, S. 7–14, Zitat S. 13, kursive Hervorhebung: Blume
35 Hitler 1925/2016, Band I, S. 89 (»Vorwort«)
36 Platon (ca. 355 v. Chr./1853): *Phaidros.* Zeno.org, Abschnitt 474, abgerufen am 25.06.2018 unter: http://www.zeno.org/Philosophie/M/Platon/Phaidros
37 Zander, Helmut (2016): *Europäische Religionsgeschichte.* De Gruyter, S. 363
38 Hofstätter, Pinker (1957): *Gruppendynamik. Kritik der Massenpsychologie.* Rowohlt
39 Spitzer, Manfred (2017): *Cyberkrank. Wie das digitalisierte Leben unsere Gesundheit ruiniert.* Droemer
40 Morstein-Marx, Robert (2004): *Mass Oratory and Political Power in the Late Roman Republic.* Cambridge University Press, S. 35–36
41 Ebd., S. 37–42
42 Ranke, Hermann (1924/2011): *Das Gilgamesch Epos. Der älteste überlieferte Mythos der Geschichte.* marix, S. 116
43 Freud, Sigmund (1929): *Das Unbehagen in der Kultur.* Kapitel 6, Internationaler Psychoanalytischer Verlag, abgerufen am 28.12.2018 unter: http://gutenberg.spiegel.de/buch/das-unbehagen-in-der-kultur-922/6
44 Luther (1534/1984), *Der Prediger Salomo (Kohelet),* S. 1169–1182
45 Maier, Jens (2018): *»Babylon-Berlin«-Song stürmt die Charts – Darum ist »Zu Asche, zu Staub« so gut.* Stern vom 01.10.2018, abgerufen am 27.12.2018 unter: https://www.stern.de/kultur/musik/-babylon-berlin–song–zu-asche–zu-staub–stuermt-die-charts–-darum-fasziniert-uns-das-lied-8384004.html
46 Hirsch, Emil et al. (1906): *Japheth.* Jewish Encyclopedia, abgerufen am 28.12.2018 unter: http://www.jewishencyclopedia.com/articles/8516-japheth Dazu auch:
47 Sacks 2011, S. 46
48 Vaas, Rüdiger & Blume, Michael (2009): *Gott, Gene und Gehirn. Die Evolution der Religiosität.* Hirzel, S. 200–203
49 Assmann, Jan (2005): *Das kulturelle Gedächtnis. Schrift, Erinnerung und politische Identität in frühen Hochkulturen.* C. H. Beck
50 Zander, Helmut (2016): *Europäische Religionsgeschichte.* De Gruyter, S. 355–438

51 Cancik-Kirschbaum, Eva & Brunke, Hagan (2018): *Neue Serie Babylon (1): Größe hat ihren Preis.* Spektrum der Wissenschaft 01/2018, S. 73–77

52 Assmann 2005

53 Ranke 1924/2011, S. 93–107 (Elfte Tafel)

54 Assmann, Jan (2015): *Exodus.* C.H. Beck, S. 83

55 Puchner, Martin (2017): *The Written World. How Literature Shaped History.* Granta Books, S. 46–81

56 Magenau, Jörg (2018): *Bestseller.* Hoffmann und Campe, S. 7

57 Oz & Oz-Salzberger 2012, S. 28

58 Den Begriff der Lebensform definiert Rahel Jaeggi als »kulturell geprägte Formen menschlichen Zusammenlebens, ›Ordnungen menschlicher Koexistenz‹«. Vgl. Jaegi, Rahel (2018): *Freiheit ist keine Trophäe, sondern der Modus der Entfaltung.* Hohe Luft 05/2008, S. 47–53

59 Cagé, Julia (2016): *Rettet die Medien. Wie wir die vierte Gewalt gegen den Kapitalismus verteidigen.* C.H. Beck

60 Magenau 2018, S. 13

61 Trepp, Leo (1998): *Die Juden. Volk, Geschichte, Religion.* Rowohlt, S. 35

62 Assmann, Jan (2010): *Die Mosaische Unterscheidung oder der Preis des Monotheismus.* Hanser, S. 145 & 150

63 Van Schaik, Carel & Michel, Kai (2016): *Das Tagebuch der Menschheit. Was die Bibel über unsere Evolution verrät.* Rowohlt

64 Frey, Christian (2014): *Adam und Eva sind 800 Jahre älter als die Bibel.* Welt.de vom 20.05.2014, abgerufen am 31.05.2018 unter: https://www.welt.de/geschichte/article128190416/Adam-und-Eva-sind-800-Jahre-aelter-als-die-Bibel.html

65 Van Schaik & Michel 2017, S. 35–132 (Kapitel 1: »Genesis: Als das Leben schwierig wurde«)

66 Theißen, Gerd (1984): *Biblischer Glaube in evolutionärer Sicht.* Chr. Kaiser, S. 84

67 Wiesel, Elie (1992): *Die Weisheit des Talmud.* Herder, S. 18–19

68 Lovat, Francois-Xavier (2015): *Kurdistan. Gottesland. Kurdisches Kollektivgedächtnis.* GID Publisher Erbil, S. 52–55 (»Das Judentum«)

69 Wiesel 1992, S. 38–53

70 Kucklich, Christoph (2018): *100 Zeugnisse des Glaubens.* GEO Chronik, S. 28

71 Schulze, Tim (2017): *Nazi-Druide ruft zu Mord an Juden und Muslimen auf.* Stern.de vom 25.01.2017, abgerufen am 03.08.2018 un-

ter: https://www.stern.de/politik/deutschland/burghard-b--nazi-druide-ruft-zu-mord-an-juden-und-muslimen-auf-7299134.html

72 Tacitus (107/2006): *Sämtliche Werke.* Übersetzung von Wilhelm Bötticher, überarbeitet von Andreas Schäfer. Magnum, S. 282–283

73 Assmann, Jan (2002): *Antijudaismus oder Antimonotheismus? Hellenistische Exoduserzählungen.* In: Borchmeyer, Dieter & Kiesel, Helmut (Hg.): *Das Judentum im Spiegel seiner kulturellen Umwelten: Symposium zu Ehren von Saul Friedländer.* Edition Mnemosyne, S. 33–54, zitiert aus S. 48

74 Figueira, Dorothy (2002): *Aryans, Jews, Brahmans. Theorizing Authority through Myths of Identity.* State University of New York Press

75 Kermani, Navid (2000): *Gott ist schön. Das ästhetische Erleben des Koran.* C.H. Beck

76 Kermani, Navid (2015): *Ungläubiges Staunen. Über das Christentum.* C.H. Beck

77 Sacks 2011, S. 43

78 Azmayesh, Seyed (2017): *Neue Forschungen zum Koran. Wie und warum es zu zwei gegensätzlichen Islam-Versionen gekommen ist.* Mehraby Publishing

79 Murtaza, Muhammad Sameer (2018): *Schalom und Salam. Wider den islamisch verbrämten Antisemitismus.* info3

80 Küng 1999, S. 210

81 Lewis, Bernard (1984): *The Jews of Islam.* Princeton University Press, S. 44–45

82 Blume, Michael (2017): *Islam in der Krise. Eine Weltreligion zwischen Radikalisierung und stillem Rückzug.* Patmos, S. 55–60

83 Hurtado, Larry (2018): *Die Kopie einer Kopie einer Kopie …*

84 Bellah, Robert (2011): *Religion in Human Evolution.* Belknap Harvard, S. 344–347

85 Greenblatt, Stephen (2018): *Die Geschichte von Adam und Eva. Der mächtigste Mythos der Menschheit.* Siedler, S. 119–143

86 Milger, Peter (2000): *Die Kreuzzüge.* Orbis

87 Gordon, Noah (1986): *The Physician.* Simon & Schuster

88 Hughes, Bettany (2018): *Istanbul. Die Biographie einer Weltstadt.* Klett-Cotta

89 McLuhan, Marshall (1962/2011): *Die Gutenberg-Galaxis. Die Entstehung des typographischen Menschen.* Gingko Press

90 Frenschkowski, Marco (2016): *Die Hexen. Eine kulturgeschichtliche Analyse.* marix

91 Blattner, Evamarie et al. (2017): *Ein Vater neuer Zeit. Reuchlin, die Juden und die Reformation.* Stadtmuseum Tübingen

92 Kaufmann, Thomas (2014): *Luthers Juden.* Reclam

93 Morgenstern, Matthias (2016): *Martin Luther und das jüdische Leben Jesu (Toledot Jeshu).* Judaica – Beiträge zum Verstehen des Judentums, 02/2016, S. 219–252

94 Kaufmann 2014, S. 7–9

95 Böhn, Andreas & Seidler, Andreas (2014): *Mediengeschichte.* Narr, S. 53

96 Rohrbacher, Stefan (1999): *Deutsche Revolution und antijüdische Gewalt (1815–1848/49).* In: Alter, Peter et al. (Hrsg.): *Die Konstruktion der Nation gegen die Juden.* Wilhelm Fink, S. 29–47

97 Weichenhan, Michael (2016): *Der Panbabylonismus. Die Faszination des himmlischen Buches im Zeitalter der Zivilisation.* Frank & Timme

98 Sommer, Andreas (2016): *Warum man sie braucht, obwohl es sie nicht gibt.* J. B. Metzler

99 Haury, Thomas (2002): *Antisemitismus von links.* Hamburger Edition

100 Anderson, Benedict (1988): *Die Erfindung der Nation. Zur Karriere eines folgenreichen Konzepts.* Ullstein

101 Katzer, Catarina (2016): *Cyberpsychologie. Leben im Netz: Wie das Internet uns ver@ndert.* dtv

102 Pantle, Christian (2017): *Der Dreißigjährige Krieg. Als Deutschland in Flammen stand.* Propyläen, S. 329–330

103 Chruschtschow, Nikita (1961): *21. Letter from Chairman Khrushchev to President Kennedy.* 21.09.1961, abgerufen am 24.02.2018 unter: https://history.state.gov/historicaldocuments/frus1961-63v06/d21

104 Kennedy, John F. (1961): *22. Letter of President Kennedy to Chairman Khrushchev.* 16.10.1961, abgerufen am 24.02.2018 unter: https://history.state.gov/historicaldocuments/frus1961-63v06/d22

105 Web.de History (2017): *Kubakrise. Wie Kennedy und Chruschtschow kurz vor dem Atomkrieg standen.* Web.de am 16.10.2017, abgerufen am 25.03.2018 unter: https://web.de/magazine/wissen/geschichte/kubakrise-kennedy-chruschtschow-kurz-atomkrieg-standen-32581100

106 Bauer, Thomas (2018): *Die Vereindeutigung der Welt. Über den Verlust an Mehrdeutigkeit und Vielfalt.* Reclam, S. 45

107 Assmann 2015, S. 85

108 Schulte von Drach, Marcus (2012): *Einstein-Brief bei eBay. ›Die Bibel ist eine Sammlung primitiver Legenden‹.* Süddeutsche Zeitung vom 09.12.2018, abgerufen am 06.08.2018 unter: https://www.sueddeutsche.de/wissen/einstein-brief-bei-ebay-die-bibel-ist-eine-sammlung-primitiver-legenden-1.1490997
109 Vaas, Rüdiger (2012): *Die verdammte Quantenspringerei.* Wissenschaft.de vom 12.10.2012, abgerufen am 30.12.2018 unter: https://www.wissenschaft.de/allgemein/die-verdammte-quantenspringerei/
110 Jonas, Gerard (2006): *Men of Tomorrow. The True Story of the Birth of the Superheroes.* Arrow Books, S. 3–7
111 Die ständig aktualisierte »Liste erfolgreichster Filme« auf Wikipedia, abgerufen am 06.08.2018 unter: https://de.wikipedia.org/wiki/Liste_erfolgreicher_Filme
112 Blume, Michael (2015): *Die Wiederkehr der Einhörner. Eine pragmatische Analyse einer neureligiösen Glaubensbewegung.* In: Rates, Luise (Hrsg.): *Warum Religion?* Karl Alber, abgerufen am 28.12.2018 unter: http://www.blume-religionswissenschaft.de/pdf/MichaelBlume_DieWiederkehrderEinhoerner.pdf
113 Kuschel, Thomas (1998): *Vom Streit zum Wettstreit der Religionen. Lessing und die Herausforderung des Islam.* Patmos
114 Schwarz-Friesel, Monika & Reinharz, Jehuda (2013): *Die Sprache der Judenfeindschaft im 21. Jahrhundert.* De Gruyter, S. 60–61
115 Oz, Amos (2018): *Jesus und Judas. Ein Zwischenruf.* Patmos
116 Baltes, Guido (2015): *Jesus, der Jude und die Mißverständnisse der Christen.* Francke
117 Küng 1999, S. 210–222
118 Willi-Plein, Ina & Willi, Thomas (1980): *Glaubensdolch und Messiasbeweis. Die Begegnung von Judentum, Christentum und Islam im 13. Jahrhundert in Spanien.* Neukirchener Verlag
119 Schwarz-Friesel & Reinharz 2013, S. 59
120 Blume 2017, S. 93–111
121 Küng 1999, S. 318–323
122 Wrangham, Richard (2009): *Feuer fangen. Wie uns das Kochen zu Menschen machte.* DVA
123 Norenzayan, Ara et al. (2009): *Evolution, Culture and the Human Mind.* Psychology Press
124 Diamond, Jared (2006): *Arm und Reich. Die Schicksale menschlicher Gesellschaften.* Fischer
125 Zander, Helmut (2016): *Europäische Religionsgeschichte.* De Gruyter
126 Blume 2017

127 Acemoglu, Daron & Robinson, James (2015): *Warum Nationen scheitern. Die Ursprünge von Macht, Wohlstand und Armut.* Fischer
128 Ginsburg, Tobias (2018): *Die Reise ins Reich. Unter Reichsbürgern.* Das Neue Berlin, S. 84
129 Clark, Christopher (2018): *Von Zeit und Macht.* DVA, S. 223–224
130 Smil, Vaclav (2017): *Energy and Civilization. A History.* MIT
131 Hitler 1925/2016, S. 757
132 Lill, Felix (2017): *Einsame Klasse. Die Zukunft gehört uns Singles.* edition a

3. Mythen, Medien, Mächte
Ein Blick zurück nach vorn

1 Luther, Martin (1534/1984): *Die Bibel.* Württembergische Bibelgesellschaft, S. 1168
2 Hitler, Adolf (1925/2016): *Mein Kampf. Eine kritische Edition.* Institut für Zeitgeschichte München, Band I, S. 181
3 Grimmeisen, Julie (2017): *Pionierinnen und Schönheitsköniginnen. Frauenvorbilder in Israel 1948–1967.* Wallstein, S. 338
4 Für Einblicke in den Alltag und die Gefühlswelt sephardischer Jüdinnen in Israel danke ich besonders der beeindruckenden Janet Shalom, Rechovot.
5 Trevisan Semi, Emanuela & Weil, Shalva (2011). *Beta Israel: The Jews of Ethiopia and beyond: History, Identity and Borders.* Libreria Editrice Cafoscarina
6 Baumel, Simeon (2006): *Sacred Speakers. Language and Culture among the Ultra-Orthodox in Israel.* Berghahn
7 Brandes, Sabine (2008): *Frau wer?* Jüdische Allgemeine vom 08.10.2008, abgerufen am 04.10.2019 unter: https://www.juedische-allgemeine.de/allgemein/frau-wer/
8 Berman, Lazar (2013): *5 of Ovadia Yosef's most controversial quotations.* The Times of Israel vom 09.10.2013, abgerufen am 04.10.2018 unter: https://www.timesofisrael.com/5-of-ovadia-yosefs-most-controversial-quotations/
9 Sharon, Jeremy (2014): *Postal Service Issues Commemorative Stamp For Rabbi Ovadia Yosef.* Jerusalem Post vom 30.09.2014, abgerufen am 04.08.2018 unter: https://www.jpost.com/Israel-News/Postal-Service-issues-commemorative-stamp-for-Rabbi-Ovadia-Yosef-376660

10 Ben-Chorin, Schalom (1984): *Gestaltwandel Israels.* Otto Kömpf, S. 8–10
11 Weinreb, Alex & Blass, Nachum (2018): *Trends in Religiosity Among The Jewish Population in Israel.* Taub Center, abgerufen am 04.01.2019 unter: http://taubcenter.org.il/wp-content/files_mf/trendsinreligiosity.pdf
12 Kraybill, Donald & Bowman, Carl (2002): *On the Backroad to Heaven. Old Order Hutterites, Mennonites, Amish and Brethren.* Johns Hopkins University Press
13 Goldberg, Rick (2008): *Judaism in Biological Perspective: Biblical Lore and Judaic Practices.* Routledge
14 Blume, Michael (2013): *Evolution und Gottesfrage. Charles Darwin als Theologe.* Herder, S. 30–39
15 Hitler 1925/2016, S. 743
16 Strenger, Gabriel (2016): *Jüdische Spiritualität in der Tora und den jüdischen Feiertagen.* Morascha, S. 121
17 Blume 2013, S. 31
18 Courbage, Youssef & Todd, Emmanuel (2014): *Convergence of Civilizations.* Columbia University Press
19 Wiesel, Elie (1992): *Die Weisheit des Talmud.* Herder, S. 168
20 Ranke, Hermann (1924/2011): *Das Gilgamesch Epos. Der älteste überlieferte Mythos der Geschichte.* marix, S. 93–107 (Elfte Tafel)
21 Tacitus (107/2006): *Sämtliche Werke.* Übersetzung von Wilhelm Bötticher, überarbeitet von Andreas Schäfer. Magnum, S. 282–283
22 Jahn, Andreas (2018): *Fortschritt durch Frauen.* Spektrum der Wissenschaft Spezial 04/2018
23 MacGregor, Neil (2018): *Leben mit den Göttern.* C.H. Beck, S. 125–130
24 Görtemaker, Heike (2010): *Eva Braun. Leben mit Hitler.* C.H. Beck
25 Bryant, Thomas (2013): *Himmlers Kinder. Zur Geschichte der SS-Organisation ›Lebensborn e. V.‹ 1935–1945.* marix
26 Weidinger, Erich (1993): *Apokryphe Bibel. Die verborgenen Bücher der Bibel,* Pattloch, S. 150 & 155
27 Oz, Amos & Oz-Salzberger, Fania (2012): *Juden und Worte.* Suhrkamp, S. 123–126
28 Aronofsky, Darren & Handel, Ari & Henrichon, Aron (2014): *Noah.* Image Comics, Bd. III S. 44–46
29 Luther 1534/1984, S. 17
30 Hitler 1925/2016, Band I, S. 789
31 Kizilhan, Jan Ilhan & Selbherr, Christian (2019): *Das Böse ist leider überall.* missiomagazin 01/2019, S. 12–13

32 Strenger, Gabriel (2016): *Jüdische Spiritualität.* Morascha, S. 121–123
33 Schreiber, Franziska (2018): *Inside AfD. Der Bericht einer Aussteigerin.* Europa
34 Vgl. dazu einen Einführungsvortrag zu einem Seminar für Medienethik am KIT Karlsruhe: https://scilogs.spektrum.de/natur-des-glaubens/seminar-fuer-medien-und-berufsethik-am-kit-karls ruher-institut-fuer-technologie/
35 Thomas, Günter (2018): *Die Unterscheidung von Medialisierung und Mediatisierung im Fall von Religion.* In: Radde-Antweiler, Kerstin & Offerhaus, Anke: *Medienvielfalt – Religionsvielfalt? Facetten der Transformation von Medien und Religion.* VS Medien

Glossar

1 Logan, Robert (2004): *The Alphabet Effect. A Media Ecology Understanding of the Making of Western Civilisation.* Hampton Press & Shlain, Leonard (1998): *The Alphabet Versus The Goddess.* Penguin
2 Vaas, Rüdiger & Blume, Michael (2009): *Gott, Gene und Gehirn. Die Evolution der Religiosität.* Hirzel & Sacks, Jonathan (2011): *The Great Partnership. God, Science, and the Search for Meaning.* Hodder & Stoughton
3 Olschanski, Reinhard (2017): *Der Wille zum Feind. Über populistische Rhetorik.* Wilhelm Fink
4 Marr, Wilhelm (1879): *Der Sieg des Judenthums über das Germanenthum – Vom nichtconfessionellen Standpunkt aus betrachtet.* Costenoble, Bern
5 Süsskind, Frida (2018): *Die freiheitliche Demokratie gegen Antisemitismus verteidigen!* JFDA, abgerufen am 01.01.2019 unter: https://jfda.de/wp-content/uploads/2018/07/Eckpunkte-zur-Verteidigung-der-freiheitlichen-Demokratie-gegen-Antisemitismus_FIN.pdf
6 Böhm, Andreas & Seidler, Andreas (2014): *Mediengeschichte.* Narr
7 Wehling, Elisabeth (2016): *Politisches Framing.* edition medienpraxis
8 Joas, Hans (2011): *Die Sakralität der Person – Eine neue Genealogie der Menschenrechte.* Suhrkamp
9 Assmann, Jan (2015): *Exodus.* C.H. Beck, S. 101
10 Frog, Mr. (2018): *Myth.* Humanities 2018, 7,14. Abgerufen am 20.05.2018 unter: http://www.mdpi.com/2076-0787/7/1/14

11 Ellermeier, Barbara (2018): *Sophie Scholl. Lesen ist Freiheit.* bene!
12 Blume, Michael (2013): *Evolution und Gottesfrage. Charles Darwin als Theologe.* Herder
13 Popper, Karl (1961): *Die Logik der Sozialwissenschaften.* Universität Tübingen, abgerufen am 01. 01. 2019 unter: http://www.vordenker.de/ggphilosophy/popper_logik-sozialwiss.pdf
14 Achtner, Wolfgang et al. (1998): *Dimensionen der Zeit. Die Zeitstrukturen Gottes, der Welt und des Menschen.* WBG & Hersch, Jeanne (2010): *Erlebte Zeit. Menschsein im Hier und Jetzt.* Verlag Neue Zürcher Zeitung

Zum Autor

Dr. Michael Blume wurde 1976 in Filderstadt in Baden-Württemberg geboren. Seine Eltern hatten nach Fluchtversuch und Stasi-Haft des Vaters aus der damaligen DDR ausreisen dürfen. Blume engagierte sich als Jugendgemeinderat und dann Gemeinderat, wurde evangelischer Christ und Gründungsvorsitzender der Christlich-Islamischen Gesellschaft (CIG) Region Stuttgart e. V.

Nach dem Wehrdienst heiratete Blume seine Frau Zehra, eine Deutschtürkin sunnitischen Glaubens. Die damals noch ungewöhnliche Ehe eines christlichen Mannes mit einer muslimischen Frau sorgte für Aufsehen und in der aufgeheizten Stimmung nach dem 11. September 2001 auch für massive Verdächtigungen gegen die beiden.

Nach Abschluss einer Banklehre wechselte Blume vom Studium der Volkswirtschaftslehre in die Religions- und Politikwissenschaft. Nach seinem Magisterabschluss 2003 wurde er als Referent für den Dialog mit Muslimen im Staatsministerium Baden-Württemberg angestellt. 2006 promovierte er mit einer Arbeit über Religion und Hirnforschung, die »Neurotheologie«.

Neben der Arbeit in Politik und Verwaltung engagierte sich Blume als Hochschullehrer und Buchautor. Für seinen bis heute aktiven Wissenschaftsblog »Natur des Glaubens« bei »Spektrum der Wissenschaft« erhielt er den scilogs-Preis 2009 und für seine Arbeiten zwischen Natur- und Geisteswissenschaften 2011 den »Vermittlungen«-Preis der Evangelischen Akademie Villigst.

2015–2016 leitete Blume das Sonderkontingent des Landes Baden-Württemberg für besonders schutzbedürftige Frauen und Kinder. Mit seinem Team evakuierte er 1100 vor allem yezidische Frauen und Kinder, die Opfer des »Islamischen Staates« gewesen waren, aus dem Irak nach Deutschland. Rückblickend sprach

Blume vom »härtesten, aber auch sinnvollsten Jahr meines Lebens«. Zu den Geretteten gehörte Nadia Murad, die 2018 den Friedensnobelpreis erhielt.

Die Beobachtungen und Erfahrungen auch in der arabischen Welt flossen in Blumes Buch »Islam in der Krise« (Patmos 2017) ein, das es in die SPIEGEL-Bestsellerliste schaffte. Der massive Verschwörungsglaube in großen Teilen der islamischen Welt wie auch der erstarkende Rechtspopulismus in Deutschland führten Blume direkt zum nächsten, Ihnen vorliegenden Buch »Warum der Antisemitismus uns alle bedroht«. Im März 2018 wurde der Religionswissenschaftler auf Vorschlag der jüdischen Gemeinden zum Antisemitismusbeauftragten der Landesregierung Baden-Württembergs ernannt.

Blume lebt mit seiner Frau und den drei gemeinsamen Kindern in Filderstadt und ist per Blog, Instagram, Facebook und Twitter für seine Leserinnen und Leser erreichbar.